すぐ始めて ちゃんと続けるにはコツがある

知的生活追跡班〔編〕

青春新書
PLAYBOOKS

はじめに
～「行動力」に、意思と性格は関係ない

質問です。

あなたは、今年初めに抱いた抱負を達成できたでしょうか。

もしくは、以前から「やりたい」とぼんやり思っていたことを、実行できたでしょうか。

そして、それは続いているでしょうか。


「英語を勉強して、TOEICを受けたい」

「1週間に1冊は本を読みたい」

「ダイエットして5キロ痩せたい」

「資格試験に合格して、資格手当をもらいたい」

「毎日、ブログを更新したい」

誰しも、年始や年度替わりの時など、新しく何かを「始めたい」と思うものです。

しかし、「やろう、やろうと思っているうちに1年が終わってしまった」「いつの間にか抱負を忘れていた」と、残念な結果になってしまった経験を持つ人も多いでしょう。

あるいは、日々の多忙さにまぎれ、「ちょっとはやったけれど、続かなかった」「3日坊主だった」「最初は調子が良かったんだけどね……」と、結果が出る前に終わってしまった人もいるかもしれません。

そして、私たちは自分を責めてしまいます。

「あの人はちゃんと勉強して合格したのに……」

「あの人は痩せてキレイになったのに……」

「自分は意思が弱すぎる！」

そうではありません。

「すぐ始める」ことも、「ちゃんと続ける」ことも、意思の問題ではなく、コツを知っているかどうかの問題です。実行力と継続力を兼ね備えているように見える人は、そのコツを知っていて、実践できているから結果を残しています。

決して、あなたの意思が弱いわけではないのです。

本書は、「すぐ始める」「ちゃんと続ける」ためのコツを紹介します。時間の生み出し方、計画の立て方、意思に頼らず楽に実行できる方法、効率的な勉強法など、時には脳科学の面から、時には先人の成功例からコツをあぶり出しました。

本書で紹介するコツの数々が、あなたの夢、今年の抱負、目標を叶え、有意義で充実した生活を送るための一助となれば幸いです。

PART 1 すぐ始める人に変わる!

STEP 1 すぐやるコツ

STEP 2

時間を作るコツ

STEP 3

やる気を下げないコツ

STEP 4

応援してもらうコツ

STEP 5

環境を整えるコツ

PART 2 ちゃんと続ける人に変わる!

STEP 6 習慣化するコツ

STEP 7

成長し続けるコツ

STEP 8
あきらめないコツ

STEP 9

結果を出すコツ

STEP 10

リフレッシュするコツ

本文ＤＴＰ・イラスト▼伊延あづさ・佐藤純（アスラン編集スタジオ）
編集協力▼野村佳代（アスラン編集スタジオ）

PART
1

すぐ始める人に変わる!

「考えすぎて動けない」「やろうと思っているけれど体が動かない」「ついついダラダラしてしまう」「仕事が忙しくてできない」など、なかなか始められないメカニズムと、それに対応したコツを知って、「すぐ始める人」になりましょう。

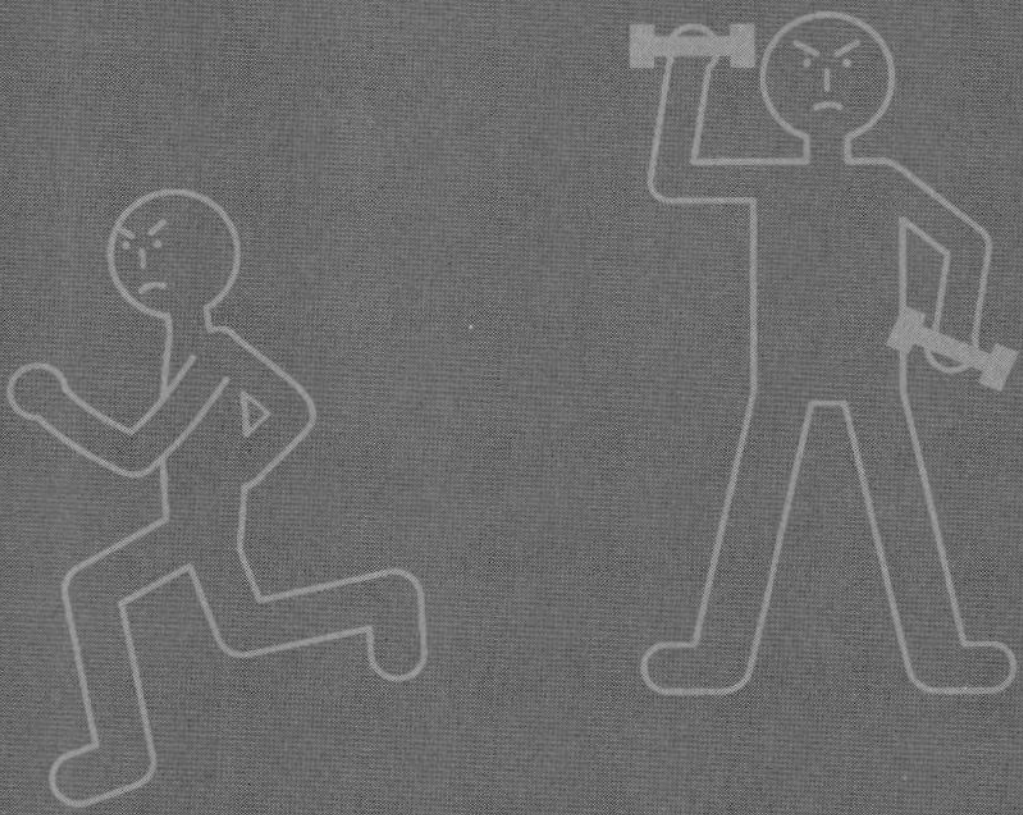

STEP 1 すぐやるコツ

変化を嫌がる脳のしくみに合わせたすぐに始められる方法を知ろう

STEP 2 時間を作るコツ

始められない理由「時間がない」を解決しよう

STEP 3 やる気を下げないコツ

モチベーションの乱高下を防いで心を整えよう

STEP 4 応援してもらうコツ

自分のサポーターを作って推進力を得よう

STEP 5 環境を整えるコツ

意思よりも環境の力で自分を動かそう

STEP 1

すぐやるコツ

変化を嫌がる脳のしくみに合わせた
すぐに始められる方法を知ろう

STEP 1
すぐやるコツ ①

「寝起きでもできる」ことから始める

あなたは今、「自分はどうしてこんなに意思が弱いのだろう」と自分を責めていないでしょうか。もしくは、「意思が弱い」とあきらめてしまっている人もいるかもしれません。

もし、そういう状況にいるなら、すぐに考えを改める必要があります。

何かを始めるのに、強い意志は必要ありません。むしろ、場合によっては強い意志が「始める」ことを邪魔してしまう恐れすらあります。

というのも、人間は「変わる」ことを本能的に嫌がる性質があるからです。

誰しも、覚えがあるのではないでしょうか。毎年の人事異動にビクビクしたり、新しい仕事を任せられて不安になったり、大がかりなシステム変更を面倒だと感じたり……。入学、卒業、社会人デビュー、転職など、人生の転機にいたっては、言うまでもありません。

■始めるのに「強い意志」は必要ない

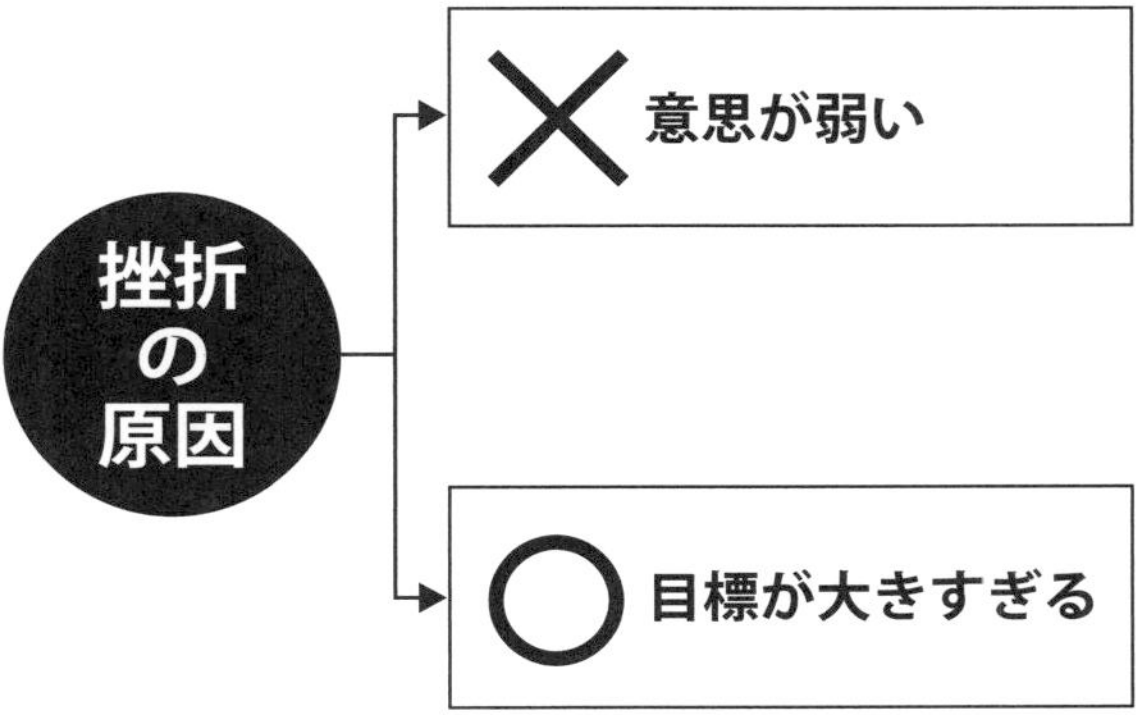

同じように、何かを「始める」のも、変化のひとつです。生活スタイルや時間の使い方など、何かを変えなければ、新しいことは始められません。それが面倒な気持ちや恐れにつながります。

そのため、まず一番最初にやるべきは、おっくうさや恐れを極力、省くことです。具体的には、**「変化」と言えないくらいの小さな一歩から踏み出すことが重要**なのです。

たとえばダイエットなら夕食のご飯を半分にする、英語なら1日1単語を覚えるなど、「意思が弱い自分でも、そのくらいなら寝起きでもできる」と思える程度のことなら、気軽にスタートすることができます。

STEP 1

すぐやるコツ ②

大きすぎる目標は立てない

小さな目標から始めるほうがうまくいく理由は、脳科学からも説明することができます。**私たちが「変わりたい」と願うとき、最もハードルとなるのが自分自身の脳**だからです。

私たちの脳には、危険を察知する警報アラームが備わっています。

この警報アラームは、時として「変わりたい」という願いを阻害してしまいます。「危険」とは、「いつものパターンではない」状況とも言えるからです。

そのため、大きすぎる目標を掲げると、この警報アラームは「恐怖感」として鳴り響きます。「本当にできるだろうか」「失敗して傷つきたくない」といった感情を呼び起こし、人のクリエイティブな活動をつかさどる「大脳新皮質」の働きを抑制します。大切な試験や試合で恐怖感を感じ、普段のパフォーマンスができないのは、このしくみのせいです。

■自分の脳がチャレンジの邪魔をする

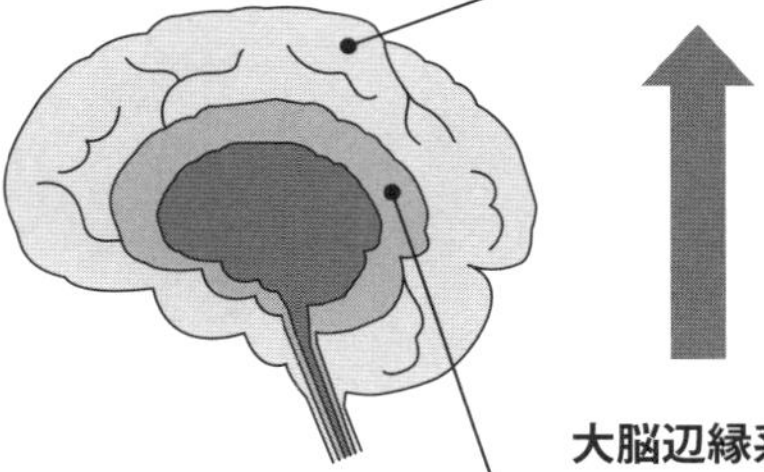
大脳新皮質
言語や認知など知的で
クリエイティブな
活動を担う
危険を察知すると
大脳新皮質の
働きを抑制する
大脳辺縁系
（海馬・扁桃体）
感情や記憶、
危険の察知などを担う

つまり、**自分の脳をだますため、まずは小さな一歩を踏み出すだけにとどめ、脳の抑制システムを働かせない**ことが必要なのです。

日米通算４０００本安打という大記録を樹立したイチロー選手は、目標達成について次のように語っています。

「高い目標を成し遂げたいと思うなら、常に近い目標を持ち、できればその次の目標も持っておくことです。（中略）高い所に行くには下から積み上げていかなければなりません」

大きな目標はぼんやりと思い浮かべて、ニヤニヤするくらいでちょうどいいのです。始める前には、憧れのレベルに抑えるのがコツと言えます。

STEP 1

すぐやるコツ ③

始めたいことを全部書き出す

今の自分から脱皮して、「変わりたい」「成長したい」と願うとき、その方法は一つではないでしょう。むしろ、「やりたいこと」「達成したいこと」を挙げると、複数になってしまう人のほうが多いはずです。ジョギングをしたい、節約したい、毎日本を読みたい、英語や資格の勉強もしたいなど、多くの願望を持っているでしょう。

しかし、それらを一度に始めようとしても難しいものがあります。たとえ一つひとつが小さな目標であっても、合わせると大きな目標となってしまい、身動きが取れなくなってしまうからです。なので、始めたい事柄の中から、優先順位をつける必要があります。

そのためにも、一度、**自分が「始めたい」と思っていることをすべて書き出してみましょう。思いつくまま書き出したら、整理をします。**書き出した中には、似たグループに割り振

■やりたいことを整理して絞り込む

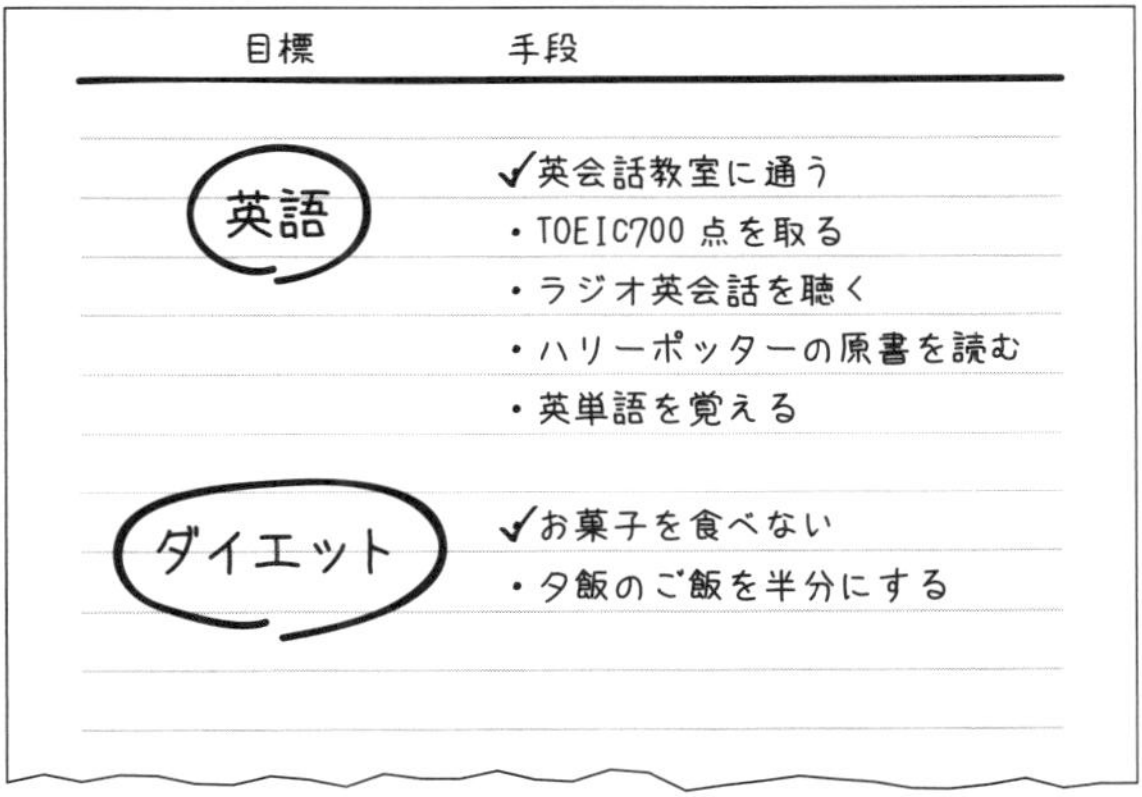
目標
手段
英語
✓英会話教室に通う
・TOEIC700点を取る
・ラジオ英会話を聴く
・ハリーポッターの原書を読む
・英単語を覚える
ダイエット
✓お菓子を食べない
・夕飯のご飯を半分にする

られるものがあるでしょうし、目標と手段が混乱しているかもしれません。

たとえば「ダイエット」が目標なら、「食事制限」と「運動」という手段があります。運動の中でも、筋肉トレーニングやジョギングなど、手段は細かく分かれるはずです。「お金を貯める」が目標なら、「節約」「貯金」「投資」などの手段があります。さらに、「節約」なら「ランチはお弁当を作る」「1駅程度なら歩く」、また「投資」にも「株式投資」「投資信託」など、細かく手段が分かれます。

整理してみると、目標がいくつかに絞られますので、その中から優先順位をつけて、最初に「始める」ことを決めましょう。

STEP 1
すぐやるコツ
④

いちばんラクな手段を探す

目標と手段に分けたら、手段の中でも自分がいちばん取り組みやすいものを選びます。そして、**さらにその手段を小さく簡単な行動にまで細分化しましょう。これが、最初のアクションプランになります。**

英語の勉強が目標だとして、自分が取り組みやすい手段が「英会話教室に行く」だとします。取り組みやすいといっても、まだ一歩を踏み出すには大きなハードルです。

しかし、「候補の英会話教室に見学に行く」という一歩なら、割合、気楽に踏み出せるのではないでしょうか。まだ気が重いように感じるなら、「資料請求をしてみる」でもかまいませんし、「候補の英会話教室をインターネットで検索し、いくつかピックアップする」程度でもかまいません。

■「英会話教室に通う」をブレイクダウンする

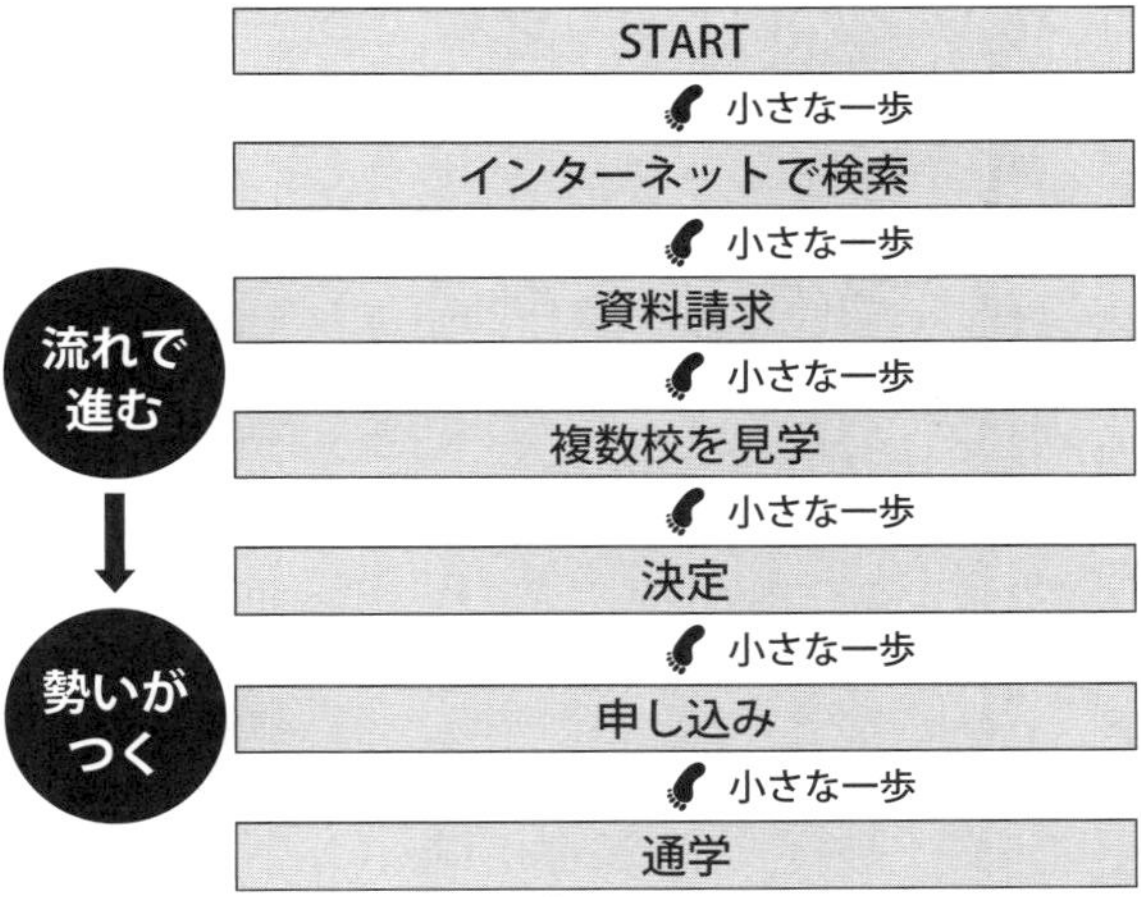
START
小さな一歩
インターネットで検索
小さな一歩
資料請求
小さな一歩
複数校を見学
小さな一歩
決定
小さな一歩
申し込み
小さな一歩
通学
流れで進む
勢いがつく

大切なのは、自分が「まったく苦にならない」と感じるアクションまで簡単にすることです。

小さな一歩を踏み出せば、次の小さな一歩も踏み出す流れが生まれます。「候補をピックアップ↓資料請求↓複数候補を見学」くらいまでアクションが進んでいけば、後は勢いがつきますから「教室決定↓申し込み↓通学」までもスムーズでしょう。

ちょうど自転車をこぐようなものです。初めは軽いギアの小さな負担でこぎ出しますが、いったん車輪が回り出すと、ギアを上げてもその後はスイスイと進んでいけます。最初のアクションを苦にならない小さな一歩にして、流れと勢いをつけることが大切なのです。

STEP 1

すぐやるコツ ⑤

やりたいことに「日付」をつける

ブレイクダウンした〝小さな一歩〟は、それぞれを目安となる日付をつけることで、「アクションプラン」になります。

たとえば、ダイエットの手段「食事制限」で、図のようなアクションがあるとします。そうしたら、取り組むアクションの順番に従って、目安となる日付をつけていくわけです。

たとえば、最初の一歩を「甘いジュースをやめる」にしたら、次は「間食を半分にする」、その次は「間食をやめる」、その次は「夕食のご飯を半分にする」などと決めていきます。手帳などに書き込んで、意識づけすると効果的です。

「目安の日付」は、無理しすぎないようにしましょう。たとえ小さな一歩でも、達成することが大切です。次のアクションに進む原動力となります。

■プランを手帳に落とし込もう

月 Monday	火 Tuesday	水 Wednesday	木 Thursday	金 Friday	土 Saturday	日 Sunday
					1 毎日、 体重を 計る	2
3	4 ジュースを やめて 麦茶にする	5	6	7 おやつを 半分に する！	8	9
10 おやつを やめる	11	12	13 夕食で サラダを たっぷり 食べる	14	15	16 夕食のご飯を 半分にする
17	18	19 朝の通勤で エスカレーター を使わずに 階段を上る	20	21	22 帰りも 階段にする	23
24	25 万歩計を つける	26	27	28 3日に1日 1駅分歩く	29	30

STEP 1

すぐやるコツ 6

いっぺんに始めない

ここで一度、前に書き出した「目標と手段」を見直してみましょう。目標に対する手段は複数あったはずです。目標が「ダイエット」の場合、手段は大きく「食事制限」と「運動」に分かれます。両方を取り入れたほうが、ダイエット効果が高くなるのは言うまでもありません。とはいえ、小さな一歩を踏み出すには、まずは片方の手段から取り入れましょう。

では、どちらか一方を始めて、別の手段を始めるのは、どの段階がベストでしょうか。**答えは、「すでに取り入れた手段が十分に自分の習慣になった」と言えるとき**です。

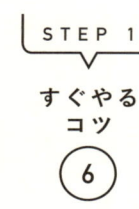

ダイエットの場合、食事制限を始めて、それがすっかり習慣になってから、運動を取り入れます。「習慣化」とは、意識せずとも行えるくらい定着している状態です。

歯磨きは、意識せずとも行える代表的なものです。たまに「面倒だな」と感じることがあっ

■習慣化の目安スケジュールを立てる

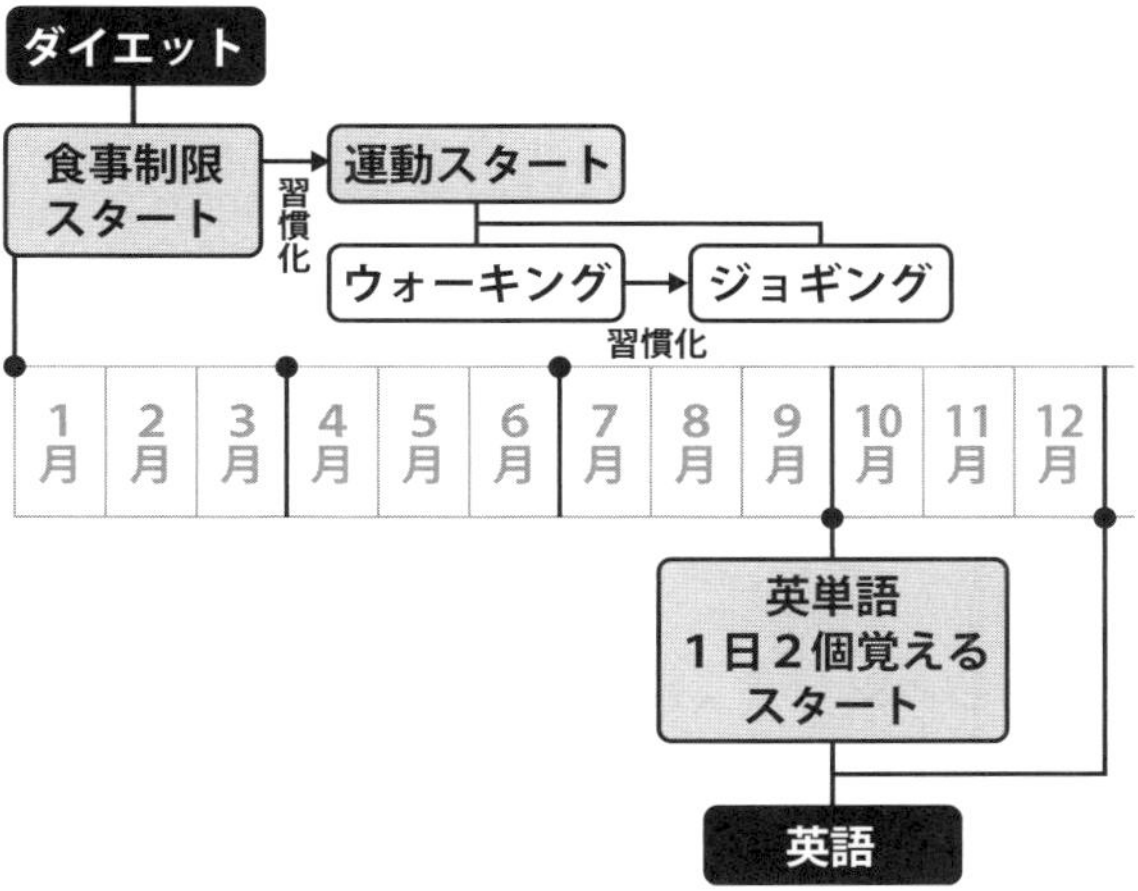

ても、サボり続けることはないでしょう。

習慣化に必要な時間は諸説ありますが、一般論にこだわりすぎる必要はありません。1ヶ月の人もいますし、1年かかる人もいます。また、その対象によっても異なります。たとえば「日記は1ヶ月」「運動は3ヶ月」などと言われますが、これも気にする必要はないでしょう。自分が「意識しないでできるようになった」と感じられることが大切です。

あえて最初の段階で目標を定めるなら、3ヶ月を目安にしましょう。長すぎる、と焦るかもしれませんが、3ヶ月ごとに1つの手段を取り入れたら1年で4つ。1年で4つも始められれば十分すぎるくらいでしょう。

始める力・続ける力になる名言

何も行動しないでいては意志なんてものありゃしない。

芸術家　岡本太郎

「太陽の塔」「明日の神話」などで知られる芸術家の岡本太郎さんは、常に既成概念や権威と闘う反骨の人として知られています。現在では評価の高い岡本さんの作品ですが、それまでの課程では、その斬新すぎる作品故に激しいバッシングを受けたこともありました。

世間からの批判に時には落ち込むこともありましたが、それでも芸術作品を作り続けたのは、岡本さんの強い意志があったからと感じるかもしれません。しかし岡本さんは、「多くの人が〝行動〟と〝意志〟の順番を取り違えている」旨の発言をしています。

「画家にしても、才能があるから絵を描いているんだとか、情熱があるから行動できるんだとか人はいうが、そうじゃない。逆だ。何かをやろうと決意するから意志もエネルギーも噴き出してくる。何も行動しないでいては意志なんてものありゃしない」

STEP 2

時間を作るコツ

始められない理由「時間がない」を
解決しよう

STEP 2

時間を作るコツ

1

自分の1日をメモする

やりたいことをなかなか始められないことの原因の一つに、「時間がない」があります。仕事が忙しいのはもちろんですが、家事や友人、同僚との付き合いもあるでしょう。「1日28時間にならないだろうか」と考えてしまうのも無理はありません。

忙しい毎日の中で、**やりたいことを行うには、「何かを捨てる」が解決方法**になります。SNSをチェックする時間、何となくぼんやり見ているテレビ番組、通勤中に見ているスマホのニュースなど、探せばムダにしている時間があるはずです。

そのために、できれば1週間、24時間の記録（ログ）を取ってみましょう。睡眠、通勤、食事、テレビ、メールチェックなど、「何時から何時まで・何をしたか」を記録していきます。**1週間分のログを俯瞰して見ると、新しいチャレンジに割り振れる時間が見えてきます。**

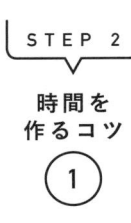

■1週間、生活ログを取ってムダを発見する

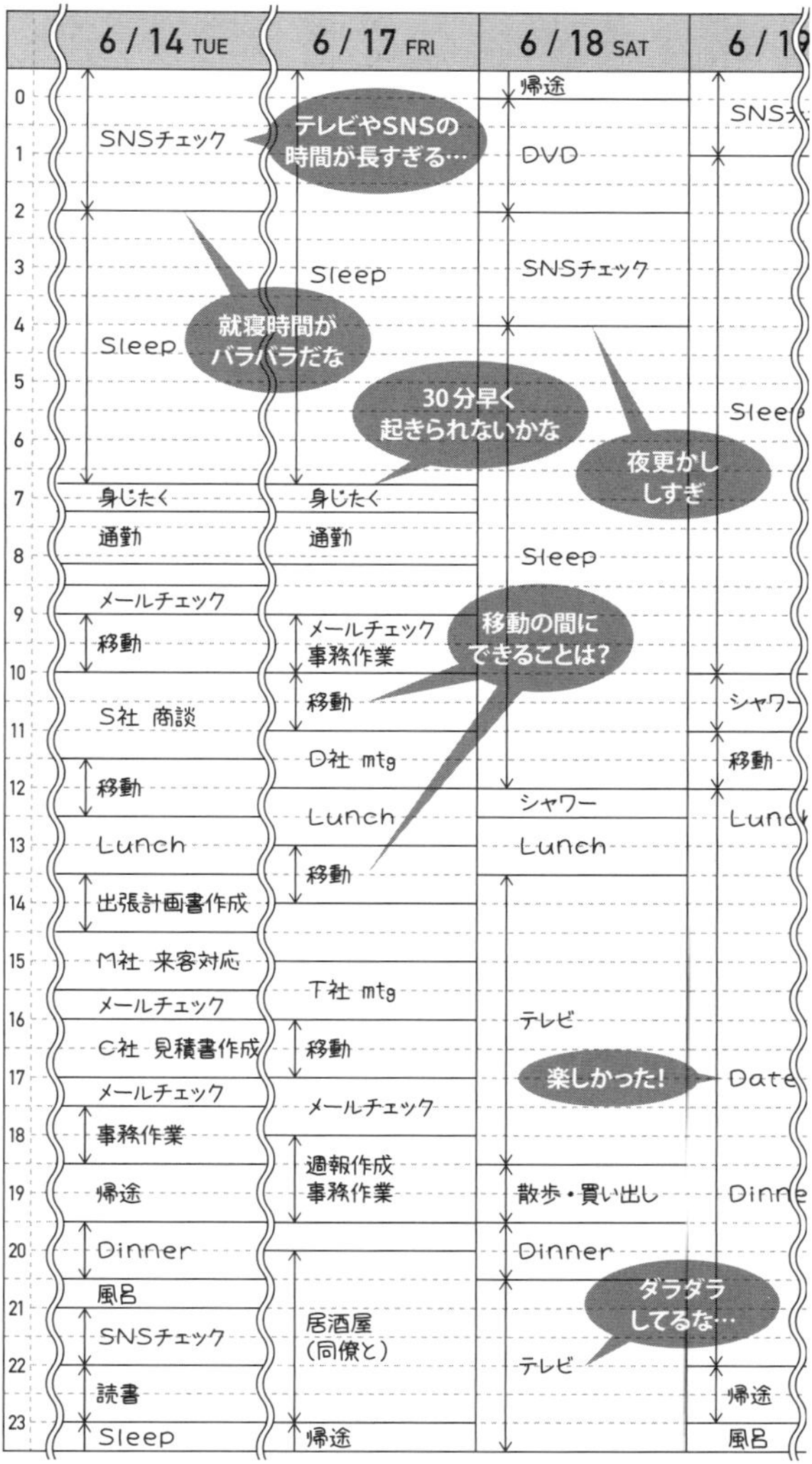

STEP 2

時間を作るコツ ②

「すきま時間にやること」を考えておく

時間を有効に活用するための方策は主に2つあります。

①すきま時間を利用する

何かを始める際には、必ずしもまとまった時間である必要はありません。1日のうち、まとめて3時間を確保するのは難しくても、30分程度なら見つかるのではないでしょうか。場合によっては、5分、10分でもかまいません。

社会人で、ある難関資格に一発合格した人は、「問題集をページごとにバラバラにして、スーツの裏ポケットに5枚程度入れていた。信号待ちの1～2分があれば1問解ける」と秘訣を紹介していました。ダイエットなら5分でできるストレッチや筋力トレーニングもありますし、英語学習なら単語を1つ覚えることができます。

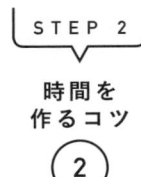

■すきま時間でできることをリストアップする（資格試験の場合）

5分で できること ➡	□問題を１問解く □スマホの暗記アプリでキーワードを覚える
10分で できること ➡	□ノートをざっと振り返る □問題集の解説を読む
15分で できること ➡	□テキストを読む □キーワード等を暗記する
20分で できること ➡	□テキストの内容をまとめる □音声教材を聴く

つまり、忙しい人ほど、すきま時間の有効活用が大切なのです。「5分」「10分」など、時間別にできることをリストアップして、できることから手をつけましょう。1日10分でも、1年に換算すると約60時間になります。

② 〝ながら〟でできることを検討する

3つも4つも同時に進めるのは集中力が阻害されるのでおすすめできませんが、なかには「2つ同時にできること」もあります。移動時間に単語を覚える、テレビを見ながらストレッチをする、家事をしながら音声教材を聞くなどです。

書き出したログを見ながら、〝ながら〟でもできることもリストアップしてみましょう。

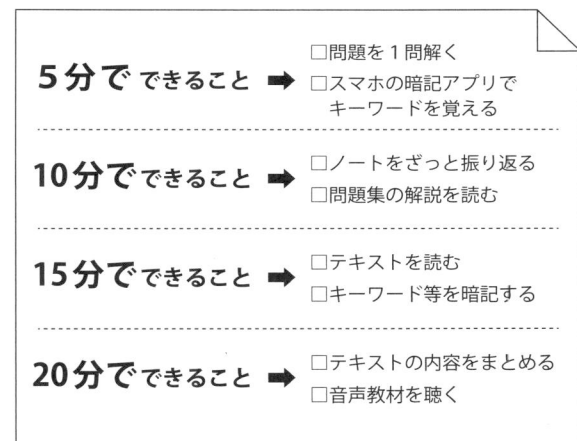

STEP 2

時間を作るコツ

3

楽にできることを“めんどくさく”する

「何となく見ているテレビ番組」や「ダラダラとチェックし続けるSNS」など、自分でもムダだと思っているのに、なかなかやめられない人も多いでしょう。

やめられない理由は、それをするのが「楽」だからです。テレビの場合、ソファーに座ったままリモコンを押すだけで見られます。

快適なソファーと適度な刺激があれば、数時間が経ってしまうのも無理はありません。気持ちばかりは「勉強をしなければ」と思っていても、立ち上がれなくなってしまうでしょう。意思の力だけでは、自分を動かすことは難しいと言えます。

意思の力に頼らないためには、「楽にできること」を、「ちょっとめんどくさい一手間を加えないとできない」ことに変える、という方法があります。

■ムダを省くには…

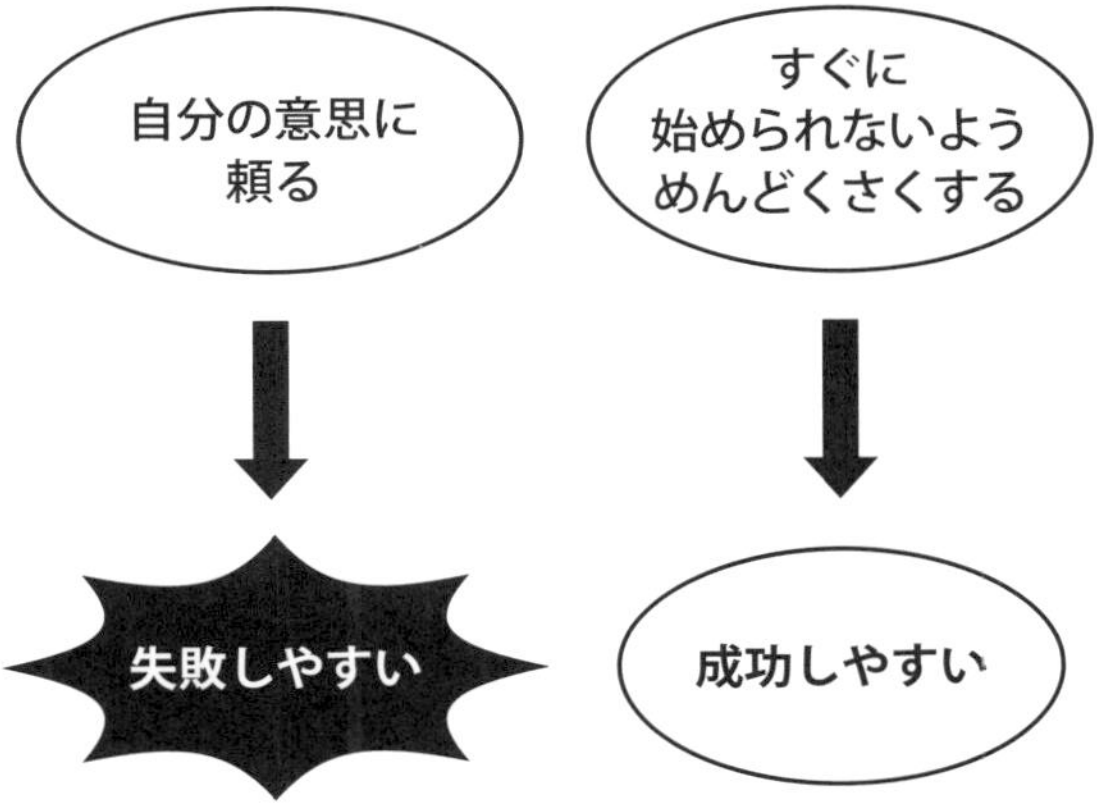

たとえばテレビは普段からコンセントを抜いておく。リモコンは棚の中にしまう。場合によっては、ソファーの撤去も検討の価値があるかもしれません。一人暮らしだからと万年床になっているなら、きちんと布団をたたんでしまいましょう。

つい手が伸びてしまうマンガ本は、クローゼットの中に収納。代わりに、始めたいことに関連する雑誌や本などを手に取りやすい場所に置いておきます。

スマホから見られるSNSのアプリ、ゲームアプリなどは削除。同様に、ネットゲームにはまっているなら、思い切って退会してしまうことをおすすめします。

STEP 2
時間を作るコツ ④

「逆算」して計画を立てない

夢を叶えるには、もしくは目標を達成するには、その達成日を決め、達成から逆算して計画を立てることが大切であるとしばしば言われます。たしかに、達成日から逆算して計画を立てるのは、目標達成の有効な手段です。

❶長期目標…目標を達成したい日付を決める
❷中期目標…大きな目標の場合は、3ヶ月〜1年程度で到達したい中期の目標を決める
❸月間目標…❶〜❷で決めた日付から、それを達成するための行動計画を月別に割り出す
❹週目標……❸の1ヶ月目標を週別に割り出す

たいていの場合、ここで「意外と毎週のがんばりが必要だ」と気づくのではないでしょうか。もしくは、計画を立てているうちにモチベーションが上がって「やってやろう」という大きな気持ちになっているかもしれません。しかし、実はこれのどちらも危険な状態です（52ページ）。

そのため、必ず「積み上げ」で検証する必要があります。

❺検証……先述の手順とは逆に、❹→❸→❷→❶の順で計画を立てる

積み上げで検証していくと、月間目標や中期目標などの設定を変える必要が出てくるかもしれません。「半年後にハーフマラソンに出場」という目標から「半年後に10キロマラソンに出場」など、目標設定を見直して、再度「逆算」で計画し直すわけです。

もちろん、資格取得などの場合には試験日が決まっていますから、「積み上げ」から考えると間に合わないという可能性もあります。とはいえ、「逆算」だとどうしても厳しい計画を立てがちです。「積み上げ」から検証して、再度「逆算」する。この繰り返しで、より実行可能な計画に近づいていきます。

どうしても、厳し目の計画でないと間に合わない、という場合には、❸と❹のステップで工夫しましょう。**行動計画は、必ずしも均等である必要はありません。**始めてすぐの頃は最低限のタスクにして、少しずつ負荷をかけていくわけです（106ページ）。

STEP 2

時間を作るコツ

5

「締め切り」ではなく「開始時間」を決める

人は誰しも、締め切りがあると動きやすくなります。

①絶対にこの日時までに終わらせなければいけない仕事

②いつでもいいけれど、やらなければいけない仕事

の2つなら、①はできるけれど、②はなかなか手がつかない、という経験は誰しも持っているでしょう。私たちは、自然と締め切り効果の恩恵にあずかっていると言えます。

私たちが「始めたい」と思っていることは、前述の②に近いことではないでしょうか。そのため、自分で締め切りを設定することが大切なのです。

しかし、**締め切り効果に頼りすぎるのも問題があります。**

休日に「今日はテキストを10ページやろう」と締め切りを設定したのに、日中に「まだ時

■「なかなか着手できない」を避けるコツ

1

「締め切り時間」ではなく「開始時間」を決める

デイリー計画を立てる際には、手帳などに開始時間を記入し、それに従って行動する

2

決めた時間は「自分へのアポイント」と捉える

タスクではなく、大切な人（＝自分）とのアポイントと捉えると、ダラダラしづらくなる

間はある」とテレビを見てしまう。「もう4時か。でも、6時くらいから2時間くらいやればいいかな」と、まだ着手を引き延ばしてしまう。結局6時になっても手がつかず、夜になって「明日は仕事だし、今日はもう寝よう」と諦めてしまう。「今日中」という締め切り効果に頼りすぎた例です。

一方、人と会う約束などは、このような事態になることは少ないはず。これは、「2時に会う」と、**「締め切り時間」ではなく「開始時間」が決まっているから**です。もちろん、アポイントというプレッシャーもあります。

つまり、「開始時間」を決め、それを「自分へのアポイント」と捉えることが大切なのです。

STEP 2

時間を作るコツ

6

夢中になり過ぎない

いざ何かを始めてみると、つい長時間続けてしまうこともあります。

たとえば筋トレを始めた初日、予想していたより楽しく、数時間も夢中になるような場合です。当然、翌日は筋肉痛でバテバテ。「筋肉痛の時は筋トレしないほうがいいらしいから、今日はお休みだな」と、1日だけのつもりが、つい1週間、1ケ月と過ぎていきます。

これは「筋トレを始めた」ではなく、「一度、筋トレをした」という状況です。

勉強などでも同様です。1日目に楽しくて3時間やったけれど、翌日は気が乗らずにお休み。次の日も次の日も……。

このようなケースに陥らないよう、**スケジューリングの際には開始時間だけでなく、終了時間も決めておきましょう。**そのうえで、時刻が来たらサッと終了にします。

■短時間で最大の効果を発揮しよう

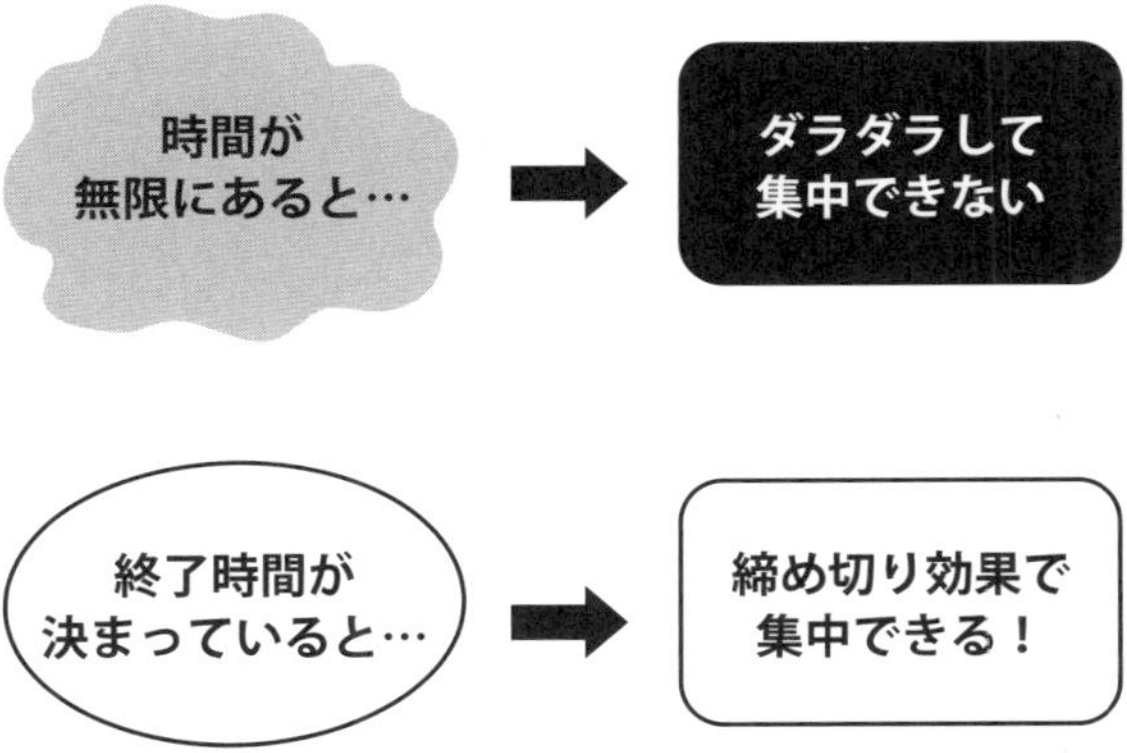

特に、忙しい人ほど時間効率を上げることを念頭に置く必要があります。普段は残業ばかりだけど、デートの日は定時で仕事が終わった経験を持つ人は多いのではないでしょうか。

野球観戦やコンサートなど、例を挙げればきりがありません。**終了時間が決まっていると、「時間までに何とか終えよう」と最大のパフォーマンスを発揮できる**ものです。

つまり、終了時間が決まっているからこそ、集中力が発揮できるわけです。

取り組み時間が少なくなりますから、当然、疲れを翌日まで残すこともありません。また次の日、次の日に続ける活力を残して終わらせるようにしましょう。

STEP 2

時間を作るコツ

7

「時間感覚」を身につける

時間を意識して生活するのは、何も勉強などに限った話ではありません。

たとえば**テレビ番組は、リアルタイムで見るよりも、いったん録画して、都合のよい時間に見るほうが効率的**です。その日のタスクをすべて終えてからのご褒美タイムになります。

また、CMや自分に必要ないコーナーを早送りして見ることができますので、1時間番組を45分、場合によっては30分程度で見終えることもできます。楽しみにしている大好きな番組なら別ですが、情報収集のため、刺激を受けるために見ている番組なら、録画して見るのがおすすめです。

それでもリアルタイムで見たい番組は、テレビのオフタイマーを使いましょう。設定時間に自動的に電源が切れるので、番組の終了後もダラダラ見続けてしまうことがありません。

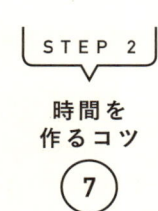

■時間を意識する「しくみ」の一例

テレビ番組は録画して、
見たい部分だけを見る

テレビ、パソコン、ゲーム等は
オフタイム機能を利用する

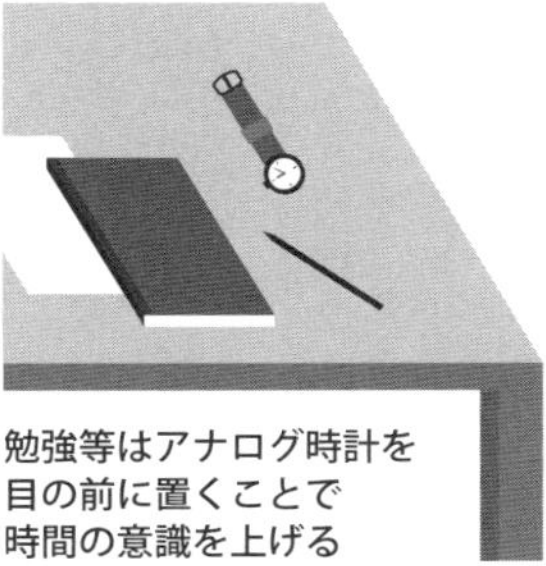

勉強等はアナログ時計を
目の前に置くことで
時間の意識を上げる

アラームやストップウォッチを
利用して、残り時間を意識する

スマホやパソコンの通知機能で
次の行動を自分に知らせる

録音したラジオや音声教材は
移動中に

STEP 2

時間を作るコツ

8

〝戦略的〟にダラダラする

自分の時間の使い方の現状が見えてくると、とにかく無理して「1日に3時間は勉強にあてられる」「ながらを合わせると7時間以上はできるぞ！」と無理をしてしまう人がいます。マジメな人は、計画の時点で「ムダ」と感じる時間をすべてカットしようとしてしまいますが、これは考えものです。

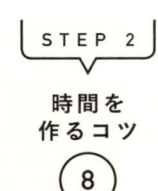

厳しい戦いをしいられるアスリートは、オフの時間の過ごし方でパフォーマンスが上がると言われることがあります。体を休める時間と心を休める時間もトレーニングのうちです。

たとえば、特に見たくないテレビ番組を見続けるのは完全に「ムダな時間」です。ですが、**見たいテレビ番組を見るのは、ストレス解消のためにも、〝本当に有意義な生活〟を送るためにも有益。**恋人とのデート、家族団らん、ゲーム、ただぼんやり過ごす時間も、人生には

■同じ行動でも違う結果をもたらす

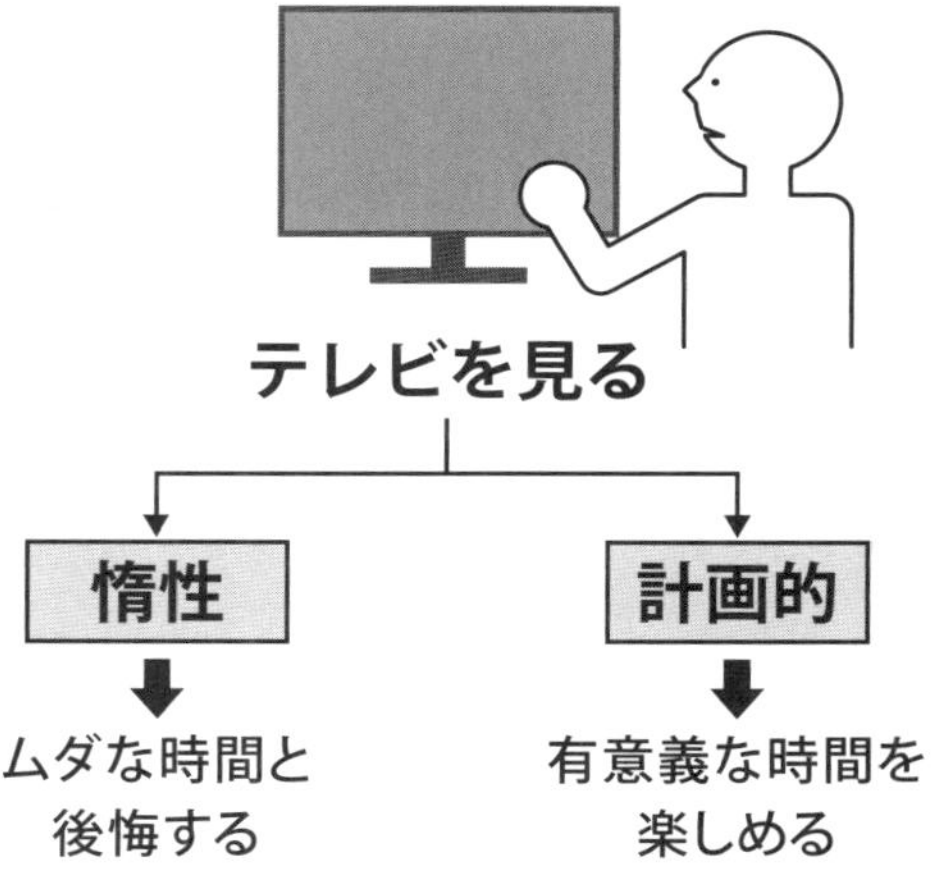
テレビを見る
惰性
計画的
ムダな時間と後悔する
有意義な時間を楽しめる

不可欠なのです。

そもそも、惰性でテレビやゲームをするから後悔をします。それなら、初めから「この時間にこの番組を見る」「ゲームを1時間」「ぼんやりティータイム30分」などと計画しておけばよいわけです。友人との語らいの時間、恋人とのデートの時間も同じこと。

つまり、**〝戦略的にダラダラ過ごす〟ことで、「ゆっくり休めた」「ストレス解消できた」と感じられる**わけです。そのため、計画時には、自分の楽しみの時間をあらかじめ確保しておきましょう。

ストイックすぎるのは禁物。戦略的な休息を取り入れて、有意義に過ごしましょう。

始める力・続ける力になる名言

時間こそ真に普遍的な制約条件である。

経営学者
ピーター・ドラッカー

日本でも大変人気のあるピーター・ドラッカーは経営学の第一人者であり、有能な経営コンサルタントとしても知られています。そのドラッカーの名著『経営者の条件』では、「汝の時間を知れ」として1章分を割き、タイムマネジメントについて語っています。時間の使い方が成果を上げる大きな要因であることを伝えているわけです。

ドラッカーは、時間をどう過ごしたか、記憶に頼って知ることはできないと言っています。時間を記録して確認することがタイムマネジメントのコツであり、成果を上げるコツだと言っているわけです。

私たちは資金、場所など多くの条件の中で暮らしています。これらの条件を変えるのは困難ですが、なかでも難しいのが時間です。唯一、変えられる手段は工夫です。ちょっとした工夫の積み重ねで生み出す他ありません。

STEP 3

やる気を下げないコツ

モチベーションの乱高下を防いで心を整えよう

STEP 3

やる気を下げないコツ

①

モチベーションを上げすぎない

アクションプランを立てると、やる気になってくるものです。計画しているうち、モチベーションが上がってくるのはよいことですが、上げすぎるのは問題があります。

というのも、**その高いモチベーションを結果が出るまで保ち続けることは難しいから**です。

特に、小さな一歩を踏み出すと、一朝一夕に結果が出るわけではありません。「1ヶ月間、何の変化もなかった」ということもあり得ます。

どんなに小さな一歩でも、どんなに苦にならないことでも、多少の心理的負担はあります。心理的負担を感じながら結果が出ないとなると、モチベーションは急落してしまいます。このせいで、結果が出始める前に、習慣化せず、取り組みが途絶えてしまう恐れがあるわけです。

特に、最初の1ヶ月はモチベーションが乱高下するため、注意が必要です。

■結果にこだわらず、モチベーションを一定に保つ

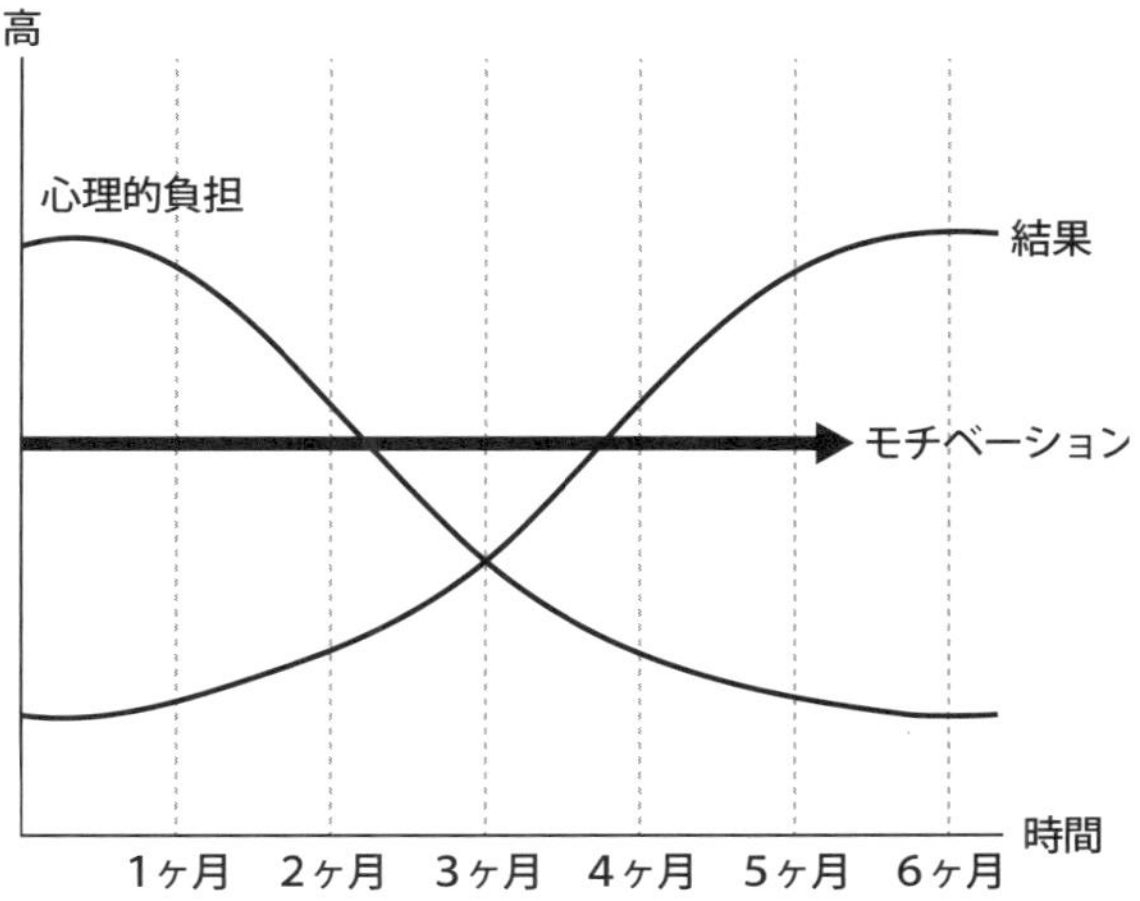

自分で「モチベーションが上がりすぎているな」と感じたら、あえて冷静になること。モチベーションを一定に保てるように心をコントロールしましょう。

そのために**必要なのは、「結果」ではなく、「プロセス」に注目すること。**自分が決めた〝小さな一歩〟をこなせていることに達成感を感じられれば、モチベーションの急落を避けられ、次への原動力になります。

「達成感や満足感は味わえば味わうほど前に進めると思っているので、小さなことでも満足することはすごく大事」

は、イチロー選手の名言の一つです。

STEP 3

やる気を下げないコツ

②

始めてすぐの成果は無視する

前項では、始めてすぐに結果が出ない場合のモチベーション急落に注意が必要だと紹介しました。では、**逆に「すぐに結果が出た」場合はどうでしょうか。**実は、このケースも注意が必要です。

たとえば、最近流行している糖質制限ダイエットは、始めて数日～1週間程度で体重が2～3キロくらい減ることが珍しくないと言われています。これに気を良くするのは早急です。

そもそも糖質制限ダイエットは、炭水化物を代表とする糖質の摂取を控え、代わりにタンパク質を多く食べるという方法です。

この糖質には、1グラムあたり約3グラムの水分を蓄積していると言われています。糖質の摂取を控えると、まず排出されるのがこの水分です。つまり「3キロ痩せた」と思ってい

■すぐに出る結果に一喜一憂しない

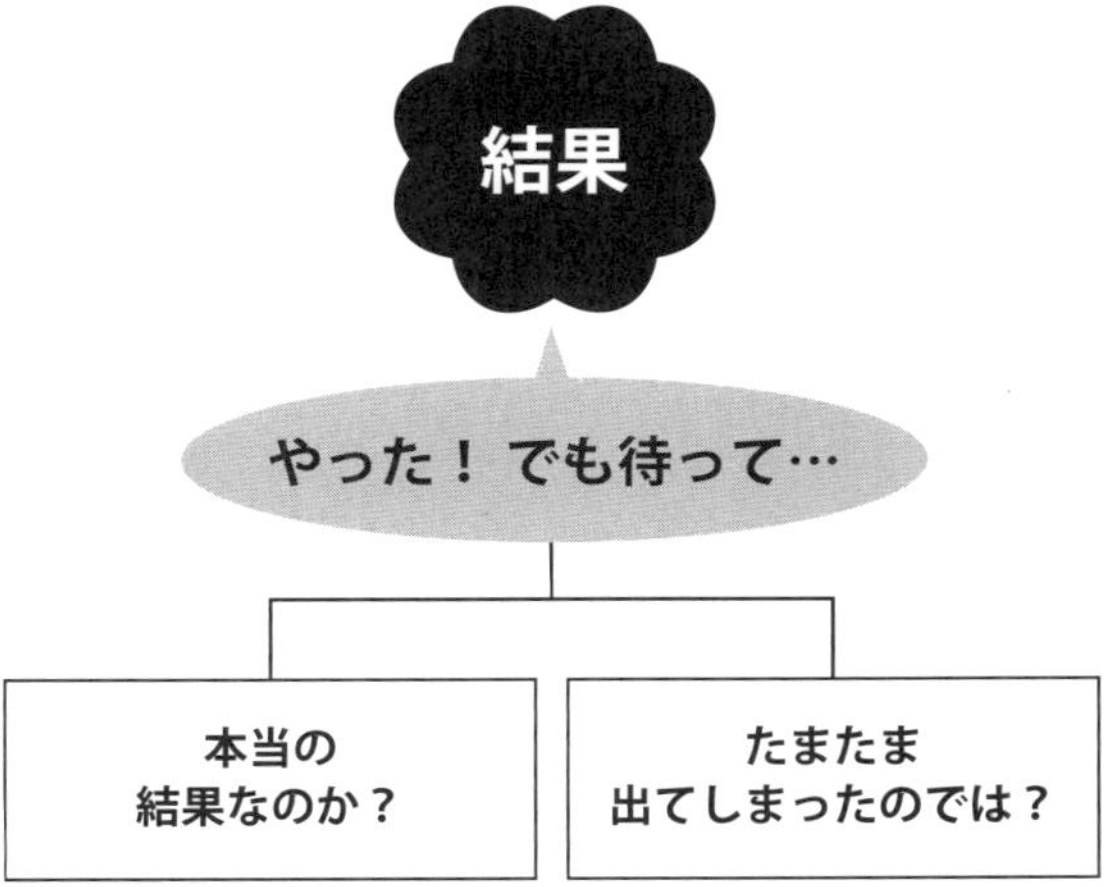

るのは水分で、ダイエットで減らしたい体脂肪ではないということです。

実際に体脂肪が減り始めるのは、水分が抜けてから。そのため、「2～3キロ減った後は数週間、停滞してしまう」ことも珍しくありません。

始めてすぐに最高潮に達したモチベーションは、この停滞期に落ちてしまいます。挫折感からリバウンドしてしまう可能性もあります。

ダイエットに限った話ではありません。**すぐに出た結果は、「正しい意味での結果ではないかもしれない」「〝出た〟のではなく、〝出てしまった〟のかもしれない」**と捉えて、一喜一憂するのは避けましょう。

STEP 3

やる気を下げないコツ ③

「ビジョンノート」を持ち歩く

モチベーションを一定に保つ方法はいくつかあります。どんなに注意していても、モチベーションが下がったり、マンネリを感じることはありますので、あらかじめモチベーションを保てるツールを作成しておきましょう。

まずは、「ビジョンノート」の作成です。**ビジョンノートとは、自分がなりたい姿（＝ビジョン）を記したもの。**手帳の見返しページやメモページなどでもかまいません。できるだけ、いつも携帯する手帳やノートをビジョンノートにして、見たいときに見られるようにします。

ビジョンノートに書く内容は、次の通りです。

❶視覚に訴える目標（58ページ参照）

■ビジョンノート例

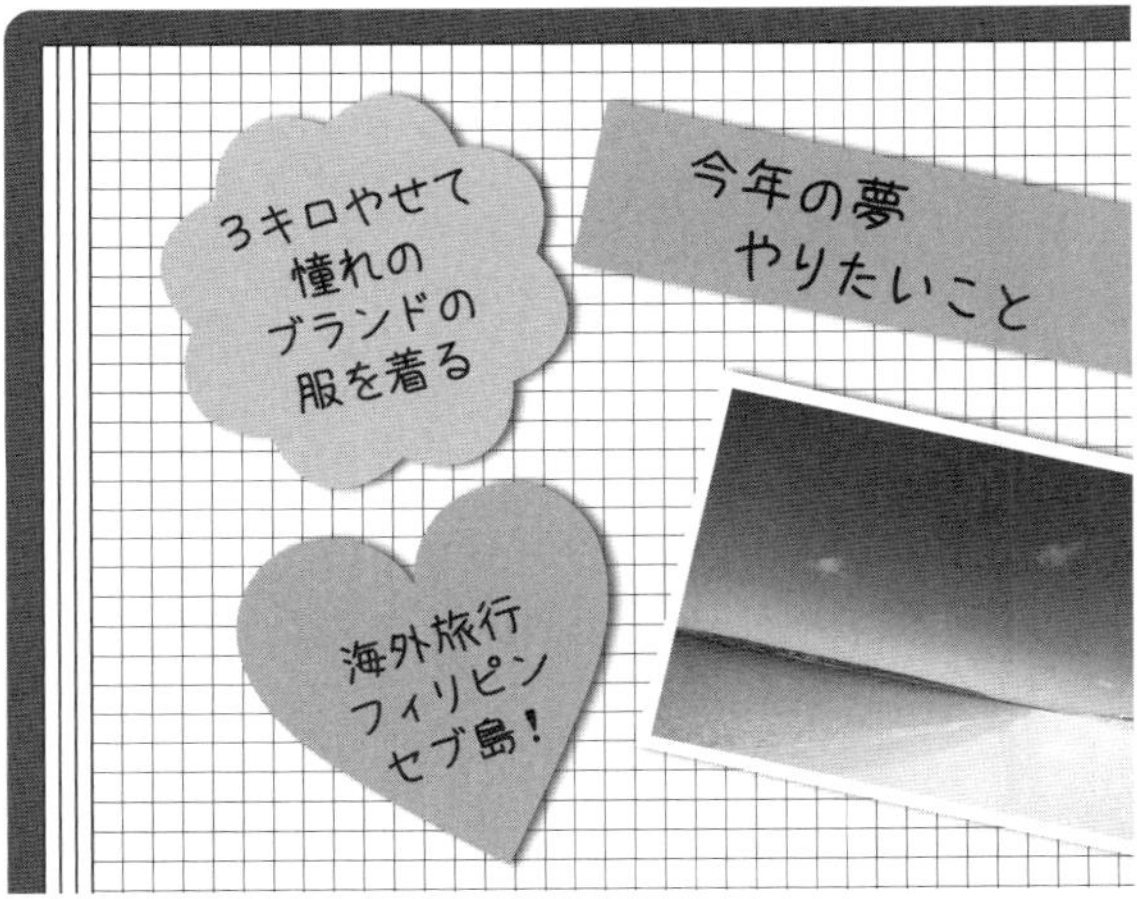
3キロやせて
憧れの
ブランドの
服を着る
今年の夢
やりたいこと
海外旅行
フィリピン
セブ島！

❷数字で見える目標（60ページ参照）

❸自分を奮い立たせる言葉（62ページ参照）

「いつでも見られる状態で携帯する」という意味では、同様の内容をスマホなどに入力する方法もあります。デジタルツールをビジョンノートにするのも悪い方法ではありませんが、できればアナログ、つまりノートや手帳をメインにすることをおすすめします。

というのも、見るだけではなく、文字を手書きしたり、切り抜きを貼ったりする、その作業自体にも脳への刷り込み効果が期待できるからです。そのため、アナログをメインに、デジタルツールをサブにという方法のほうが効果的と言えます。

STEP 3
やる気を下げないコツ
4

「五感に訴える目標」を立てる

記憶術の中に、「多くの感覚を使ってインプットする」方法がよく知られています。何かを暗記する際、書く、声に出す、耳で聞く、実験して触ってみる、歌にして覚えるなど、多くの感覚を使えば使うほど、記憶が定着していきます。

意外と嗅覚も記憶と結びついています。何かの香りを感じた瞬間、昔の記憶が蘇った、という経験があるのではないでしょうか。これは、脳の中で嗅覚と記憶の部位が近いために起こる現象です。

目標を脳にすり込ませて、自分の目標をぶれさせないためにも、この五感を使う方法は有効です。言葉だけで覚えるより、意識に定着させることができます。なかでも、憧れのイメージ写真などをビジュアル目標として設定することは効果的です。

■多くの五感を使って目標をすり込ませる

視覚

・理想の体型の有名人の写真を切り抜いてビジュアルノートに貼る
・痩せたら着てみたいファッションの切り抜きをビジュアルノートに貼る
・英語でプレゼンをしている自分のイラストをビジュアルノートに描く
・行きたい場所の写真をビジュアルノートに貼る
・資格取得の証明書を写真やイラストにしてビジュアルノートに貼る

ビジュアルは特に重視！

聴覚

・目標を文字にして声に出して読む
・やる気になる音楽を１曲決めて、始める前に必ず聴く

嗅覚

・勉強する際にはいつも同じアロマを焚く
・香水やコロンなどを、始める前につけることをルーティンにする

触覚

・ビジュアルノートを作成する過程で自然と触覚を使う
・自分が目標とすることを実際に達成した人と話をする
・ビジュアルノートを開いて、手でなぞりながら眺める

STEP 3

やる気を
下げないコツ
5

目標を「数字」に変換する

どんな目標でも、数字にして、具体的に見える形にする必要があります。

「1年で10キロ減量する」「今年中にTOEICで700点を取る」などが数値化された目標の代表例です。つまり**「いつ」と「どれくらい」の2つを数字にする必要があるわけです。**

たとえば「苦手なブロッコリーを克服する」といった目標でも同じです。「ブロッコリーを克服する」だと、具体的に何をすればいいのかがわかりません。

そのため、「今週、毎朝ブロッコリーを2分の1房だけ食べる」などと、「いつ」「どれくらい」を数字にします。「次週は毎朝1房食べる」など、次の目標も数値化しておきます。

数値化する目標は「長期目標」「中期目標」「短期目標」の3つです。実行する際は「短期目標」に集中して、心の負担を取り除きましょう（26ページ）。

■始めやすくなる目標の数値化

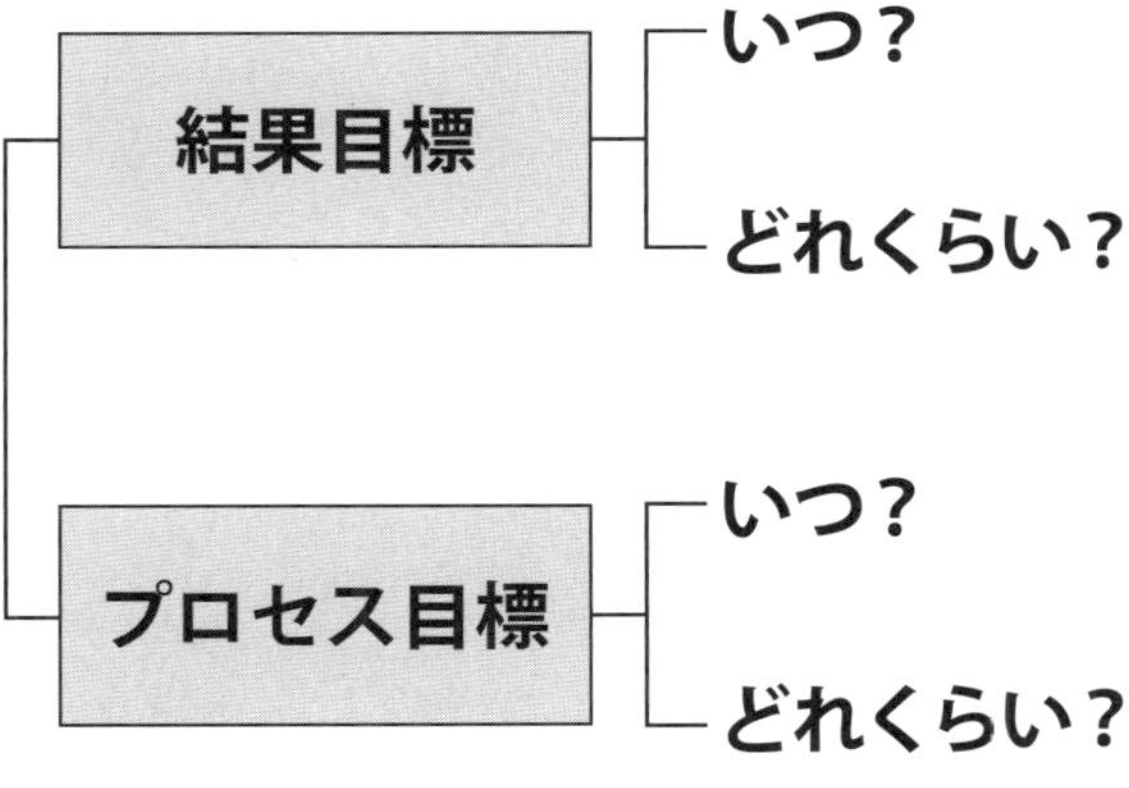

さらに、**結果目標とプロセス目標を分けて、それぞれ数値化します。**

「１年で10キロ痩せる」が結果目標なら、プロセス目標は「１日１６００キロカロリーの摂取に抑える」「１日10分運動する」「週に２回ウォーキングする」などです。ブロッコリーの克服なら、「２分の１房食べる」がプロセス目標と言えます。

「アクションプランを１つずつ数値化していく」とイメージすると、プロセス目標が決めやすくなるでしょう。

プロセス目標も、結果目標と同様に「いつ」「どれくらい」の２つを決めると、行動しやすくなります。

STEP 3

やる気を下げないコツ

6

「オリジナル名言集」を作る

インターネットや書籍などでは、著名人の名言をまとめたものがあり、人気を集めています。それだけ、人は言葉で励まされるということでしょう。

名言集はモチベーションを一定に保つために役に立ちます。特にやる気が落ちてきたとき、自分が好きな言葉を眺めると、また気力が戻ってくるものです。

インターネットのまとめサイトや書籍の名言集もよいのですが、**最も効果が高いのは自分が好きな言葉を集めたオリジナル名言集です。**

歴史上の人物、憧れの人の言葉、小説やマンガで読んだフレーズ、自分で考えた言葉でもかまいません。自分がピンと来た言葉を厳選して、ビジョンノートに名言ページを作りましょう。気に入った言葉に出会ったらその都度ページに書き込みます。

■オリジナルの名言ノートを作成する

小さな事を積み重ねることでいつの日か信じられないような
力を出せるようになっていきます。

イチロー

前に出る。もちろんやってみると恥をかくし、痛みを味わう。
でもやらないのが一番ダメ。

川崎宗則

100回叩くと壊れる壁があったとする。
でもみんな何回叩けば壊れるかわからないから
99回まで来ていても途中で諦めてしまう。

松岡修造

30秒でよいので頻繁に見る！

❶視覚に訴える目標、❷数字で見える目標、❸自分を奮い立たせる言葉を記したモチベーションノートは、「朝、その日のスケジュールを確認する前」「やる気が落ちてきたとき」「移動中」など、細かく眺めることで効果が上がります（88ページ）。

短時間でかまいません。1分でも30秒でもよいので、頻繁に見る癖をつけましょう。

ノートを開くことで触覚を、見ることで視覚を、声に出して読むことで聴覚を刺激できます。

この作業を繰り返すことで、顕在意識を超えて、潜在意識にまで目標を刷り込むことができます。

始める力・続ける力になる名言

せっかく思い立ったのです。思い立ったら決心して気が変わらないうちにさっと実行に移しましょう。

画家・作家　トーベ・ヤンソン

名前を聞いてもピンと来ない人がいるかもしれませんが、トーベ・ヤンソンは誰もが知っているあの児童文学「ムーミン」の作者です。彼女のキャリアは長く、15歳で雑誌やポスターのイラストレーターをしたことから始まったと言われています。そして、86歳で亡くなるまで、作品を生み続けたとか。

その間、児童文学はもちろんのこと、イラストレーター、ファンタジー作家、脚本家、作詞家、グラフィックデザイナーなど、幅広い分野で活躍をしたことでも知られています。当時世界最大の発行部数を誇ったロンドンの夕刊紙で週に6日の連載マンガを書いていた時期もあるとか。「質」という視点からも、「量」という視点からも、バイタリティという言葉にふさわしい女性だったのです。

そのバイタリティを支えたのが、「思い立ったらさっさと実行」というモットーでした。

STEP 4

応援してもらうコツ

自分のサポーターを作って推進力を得よう

STEP 4

応援してもらうコツ ①

ポジティブな人に「始める」と宣言する

始めたいことを先送りせず、**すぐに行動に移すためには、周囲の人に「始める！」と宣言してしまう方法も有効です。**人は、「見てくれる人がいる」と感じると、実行に移しやすくなります。

「資格の勉強を始める」「そのために、まずは通勤時間にテキストを読む」など、目標とアクションプランも合わせて宣言すると、さらに効果が上がります。その後、アクションプランを実行したら、そのことも報告しましょう。

周りの人に宣言することで、協力者も現れるかもしれません。周囲が理解してくれれば、予定も都合してくれるでしょう。英会話学校に通う日にアフター5のお誘いや、ダイエット中のデザートも断りやすくなります。

■宣言する相手を見極める

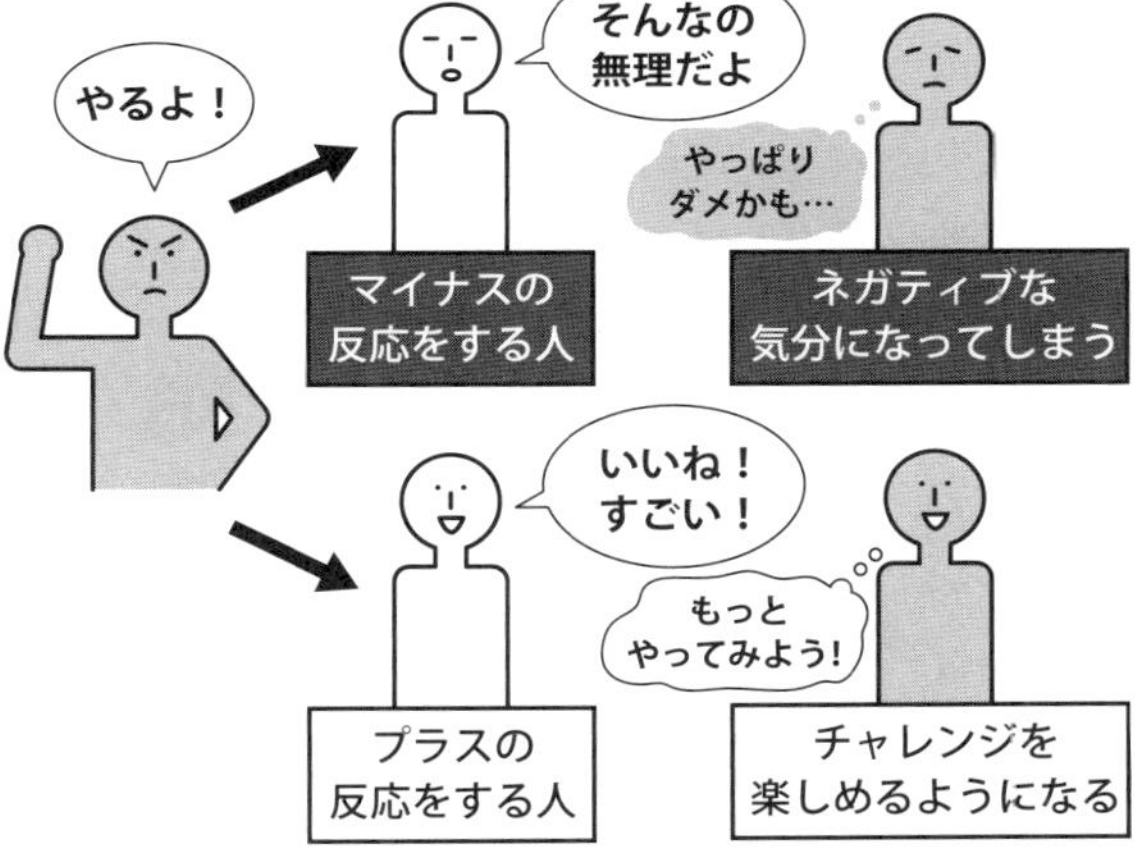

「最近はこの方法がスタンダードだよ」「自分はこういう方法でできた」「〇〇さんが詳しいから相談してみたら」など、情報が集まる可能性もあります。

宣言する相手は、周囲の人全員である必要はありません。**自分のチャレンジにマイナスの反応を示す可能性がある相手に宣言してしまうと、逆効果を生み出すことがあるので注意が必要です。**

家族や親しい友人など、自分のチャレンジを応援してくれる人、アクションプランを実行したら「すごいね」「がんばってるね」とプラスの言葉掛けをしてくれる人に宣言するようにしましょう。

STEP 4

応援してもらうコツ ②

始めてすぐは「プロ」に頼る

大きなマラソン大会では、選手の前に立って走るペースメーカーがいます。ペースメーカーは、名前の通り進み具合を作る人で、次のような役割があると言われています。

❶ペースメーカーがいる前半は、選手が速度を気にせずに走れる
❷選手の風よけになる
❸前半の心理的負担が少ないため、後半に余力を残せる

この3つの役割で、好タイムが出る可能性を上げているわけです。一説によると、ペースメーカーがいるだけで数分程度、タイムを上げることができるとか。端で見ているより、大きな効果を生むことがわかります。

私たちが何かを始める時にも、ペースメーカーを導入する方法は有効です。語学や資格の

■ペースメーカーがいるとゴールが近くなる！

効果① 無理のない、効率的な計画のアドバイスをもらえる

効果② 指導してもらえるので進捗度合いを気にしすぎなくてすむ

効果③ 特に始めるとき～波に乗るまでの間、心理的負担を軽減できる

勉強なら教室や講座、筋肉トレーニングならパーソナルトレーナー、ダイエットならダイエット・カウンセラーもいます。**できればその道のプロフェッショナル、もしくはその分野で成功している信頼できる人に指導を仰いでみましょう。**

もちろん、多少のコストがかかることは否めません。しかし、ペースメーカーがいると起動力が違います。計画時にも相談に乗ってもらえますし、最適なペースを作ってくれます。

特に始める当初、前半には馬力が不可欠です。その前半で心理的負担を取り除ければ、後半のエネルギーを温存してゴールに向かうことができるでしょう。

STEP 4

応援してもらうコツ ③

「誰かのため」を意識する

何のために新しいチャレンジを始めるか、というと、それは他でもない自分のためです。ただ、**人間は「自分のため」より「大切な誰かのため」を意識したほうが、努力が苦にならない**という面もあります。

特に「仕事はできるのに、プライベートはからきし」というタイプには有効な方法です。仕事はチームプレイで行うことがほとんどです。自分がミッションを達成できなければ、同僚や上司、はてはお客様に迷惑をかけてしまいます。逆によい仕事をすれば、周りから讃えられます。**承認欲求を満たしたいと考えるため、人の目が刺激になる**わけです。

チャレンジは自分のためですが、チャレンジ達成を共に喜んでくれる「誰かのため」を加えて、自分に程よいプレッシャーと楽しみを与えましょう。

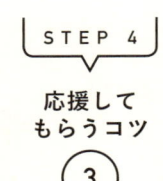

■「自分のため」に「誰かのため」を加えると実行しやすい

資格を取って
収入を上げて、
家族旅行の
資金にしよう

夫のために
ダイエットして、
オシャレしよう

早起きして
家事をすませて、
子供と遊ぶ時間を
たっぷり作ろう

STEP 4

応援してもらうコツ

4

「専用SNS」を活用する

人の目を意識するためには、SNSなどを利用する方法もあります。特に、**周囲にチャレンジを宣言するのが難しい環境にいる人などは、SNSで志を同じくする仲間を見つけることができるのでおすすめです。**

「Twitterで「○○を始めます」とつぶやくだけでも、「がんばって！」とレスしてくれる見知らぬ人がいるでしょう。たとえば資格の勉強をする際、「Twitterには「勉強垢」というハッシュタグがあり、このタグをつけることで他の人とつながることができます。

Facebookなどの SNS の利用も考えられますし、最近では「スタディプラス」など勉強専用のSNSもあります。これは、自分が行った勉強を記録すると、グラフで表示されたり、仲間と励まし合ったりすることができるSNSです。勉強法などの相談もできます。

■SNSで「人の目」を意識する

SNSなら、励まし合える仲間が見つかる！

他にも、筋トレ専用のSNS、ランニング専用のSNS、ダイエット専用のSNS、語学勉強用のSNSなど、最近は**「専用SNS」があらゆるジャンルで生まれて、多くの人に活用されています。**

その他、Facebookの「グループ機能」やコミュニティサイト、大手掲示板サイトなどで仲間を探すこともできるでしょう。

志を同じくする人と励まし合い、刺激し合い、よい手段や情報をシェアし合えるSNSと上手に付き合っていきましょう。

言うまでもありませんが、どっぷりはまりすぎて肝心のチャレンジする時間が取れなくなるのは本末転倒ですから注意してください。

STEP 4

応援してもらうコツ

5

できたことを「見える化」する

アクションプランを実行したら、その結果を「見える化」しましょう。「これだけやった」と自信になりますし、ちょっとしたご褒美効果もありますので、実行が楽しくなります。

・体重の推移グラフをつける
・ジョギングの時間と距離をグラフ化する
・勉強した時間を記録する

などが、代表的な「見える化」の例です。**手書きしたり、Excelにしたり、スマホアプリの機能を使う方法**もあります。「予定していたアクションプランを実行したら、手帳のその日の欄にシールを貼る」「達成表を作って、スタンプを押していく」といった方法も、ご褒美感覚で楽しんで続けられるのでおすすめです。

■達成度合いを「見える化」する

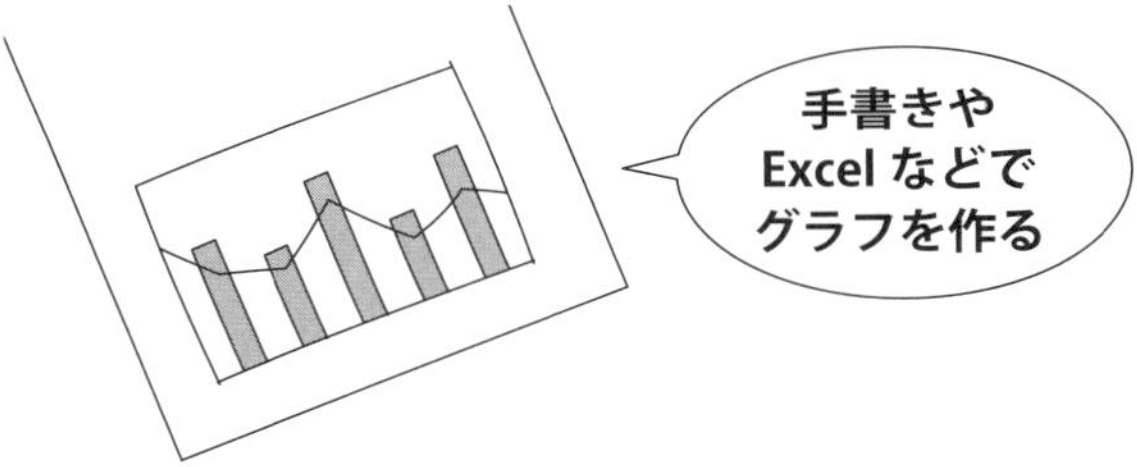
手書きや
Excel などで
グラフを作る

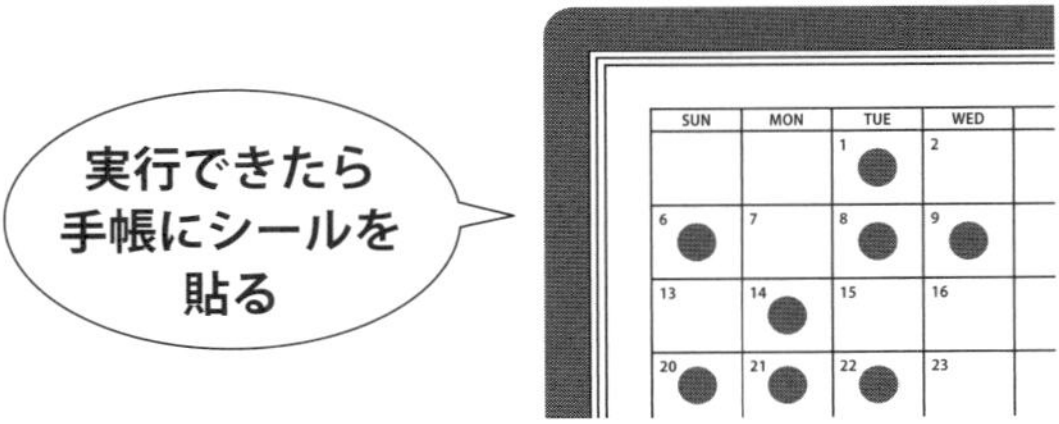
実行できたら
手帳にシールを
貼る
SUN
MON
TUE
WED

なお、結果が出づらい始めたばかりの頃、またスランプに陥った時は、どうしてもマイナス思考に陥ったり、モチベーションが下がったりします。このような時は**「結果」より「プロセス」に注目して「見える化」しましょう。**

たとえば、「３キロのダイエットを目標としているのに、１キロ痩せたまま停滞している」場合、「あと２キロ痩せない」「ちゃんとカロリー制限しているのに」と落ち込んでしまうのが、「結果」に注目している例です。

同じ状況でも、「今日も目標の１６００キロカロリー以下に抑えられた」など、アクションプランを実行したかどうかに注目すると、落ち込むことがありません。

始める力・続ける力になる名言

達成感とか満足感っていうのは
僕は味わえば味わうほど前に進める。

プロ野球選手　イチロー

２０１６年、イチロー選手はメジャーリーグで３０００安打を達成しました。３０００本は、１５０年とも言われる長いメジャーリーグの歴史の中でも30人しか達成していないほど偉大な記録です。その試合後に行われた会見で、記者が尋ねます。

「一般の人には達成感が今後の目標に向けての邪魔になります。どうやって３０００本の達成感を消化して、次の目標に進んでいくのでしょうか？」

イチロー選手は少し驚いたような顔をして答えました。

「え、達成感って感じてしまうと前に進めないんですか？」

小さな事でも達成感を得ることが、前に進む原動力になるというのが、イチロー選手の考え方です。以前から「今自分にできること、がんばればできそうなことを積み重ねていかないと遠くの目標は近づいてこない」と言っていたイチロー選手ですから、努力と達成感の積み重ねを大切にしているのでしょう。

STEP 5

環境を整えるコツ

意思よりも環境の力で自分を動かそう

STEP 5

環境を整えるコツ ①

始めたくなる環境を作る

なかなか体が動かない、チャレンジを始められない、という人は、**「始めやすい環境」「取り組みやすい環境」を整えましょう。**

たとえば、ダイエットなら買い置きのお菓子を捨てる。代わりに、週末には作り置きおかずをまとめて作ります。野菜中心の総菜なら、カロリーをあまり気にすることなく食べられます。普段のおかずも増えますし、小腹が空いたときにもつまめて、言うことなしです。

勉強なら、ぜひ勉強用のデスクを買いましょう。大人になると、自分用のデスクがない人も多くいますが、食事や団らん用のテーブルで勉強するより、気分がシャキッと乗ってきます。

自分を変えたい時には、まず環境を整えるほうがスピーディです。

■取り組みやすい環境を整える

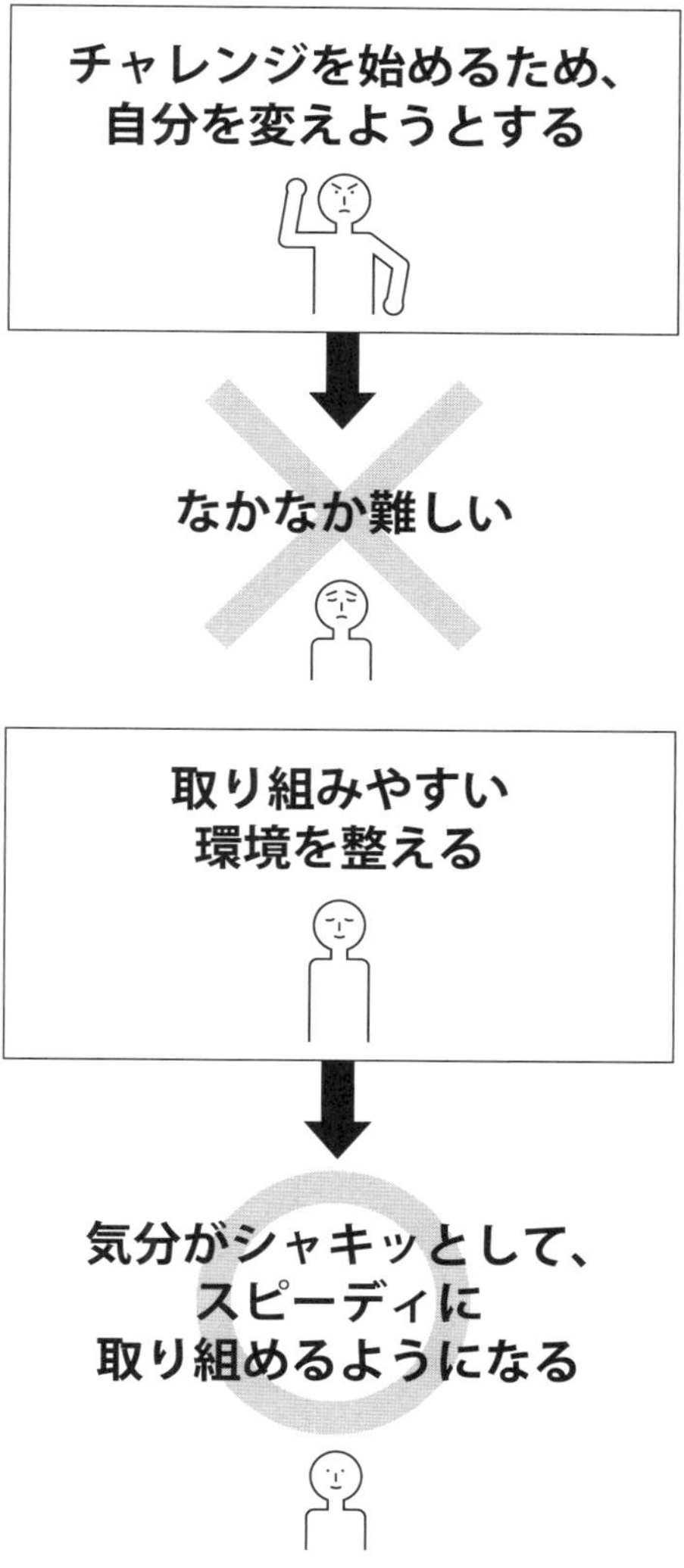
チャレンジを始めるため、
自分を変えようとする
なかなか難しい
取り組みやすい
環境を整える
気分がシャキッとして、
スピーディに
取り組めるようになる

STEP 5

環境を整えるコツ

②

「すぐにできる」ようにしておく

家に帰るととりあえずテレビをつけてしまうのは、テレビのリモコンがすぐに手に取りやすい場所に置いてあるからです。習慣的にリモコンを手に取り、スイッチをつけてしまいます（38ページ）。

「すぐにできる」「簡単にできる」ことは、習慣化しやすいのです。逆に、**チャレンジしたいことについても「すぐにできる」「簡単にできる」状況を作ることで、取り組みやすくできます**。自室で行うことなら、

- 寝る前にジョギングウェアを枕元に置いておく
- テーブルの上にテキストを置いておく
- ストレッチＤＶＤをデッキに入れておく

■Evernoteを暗記カードとして利用して、小倉百人一首を覚える

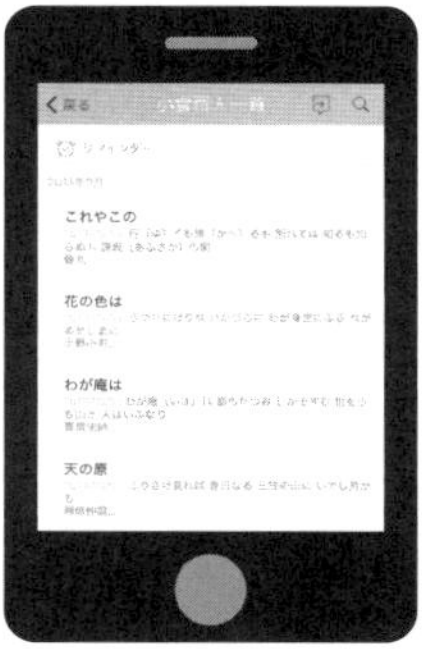

自宅で「すぐにできる」と外出先で「すぐにできる」の両方の状況を作ろう！

などが代表的でしょう。

移動中や外出先でできることもあります。

- 問題集をページごとにバラバラにして、数ページをスーツの裏ポケットに入れておく
- スマートフォンに暗記したい項目を入力しておく

最近では、スマホの暗記カードアプリがありますので、すきま時間にインプット作業を行うことも簡単です。Evernoteなら、「パソコンから暗記項目を入力して、スマホで繰り返し暗記作業」「問題集をpdfファイルにして持ち歩き」も簡単にできます。

　ちょっとした工夫で「すぐにできる」「簡単にできる」状況を実現しましょう。

STEP 5

環境を整えるコツ ③

「今、必要なものだけ」出す

勉強机の上がモノで散らかっている人はいないでしょうか。キッチンや仕事机など、**作業をする場所はどこも同じですが、勉強机の理想的な姿は「今、必要なものだけが出されている」状態です。**

たとえば、一つの資格試験で数科目の試験があることは珍しくありません。でも、今、勉強できるのは1教科のはず。子供の頃、数学の勉強をするのに国語のテキストを机の上に置いていたでしょうか。机の上に開いているのは、数学なら数学だけ、国語なら国語だけだったはずです。

忙しいほど、整理・整頓がおろそかになりがちですが、モノはそれぞれ置き場を決めて、机の上は「今、必要なものだけ」にしましょう。デスクを広々と使えますし、今やっている

■整理・整頓した状態を保つ

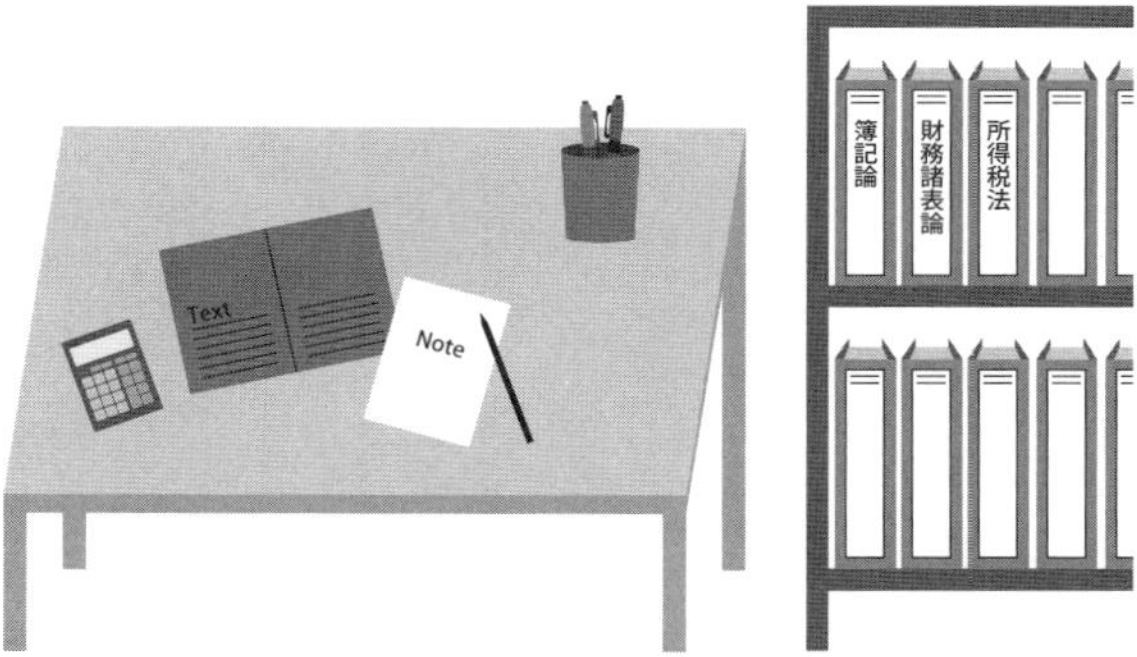

整理整頓のコツはモノの置き場を決めて厳守すること！

ことに集中できます。置き場が決まっていれば、「定規はどこにあったっけ」とモノを探す手間や時間も必要ありません。

それぞれのモノの置き場を決める際には、〝使い勝手〟を考慮しましょう。たとえば右利きの人が鉛筆立てを机に置くなら、右手で手に取りやすい右奥がベストです。資料はクリアファイルやボックスなどを使ってジャンル別にファイリングし、わかりやすく並べておきます。

おすすめは、置き場を決めたらベストの状態を写真に撮影しておくことです。慣れるまでは、使ったものを写真通りに戻すことで、ルールを厳守するようにします。

STEP 5

環境を整えるコツ ④

「いつもの場所」を決めておく

会社を出たときには「家に帰ったら勉強しよう」と思っているのに、いざ自室に入るとなかなか取り組めないことがあります。「仕事の資料を家で読もうと思っていたのに」「たまった小説を読むつもりだったのに」など、さまざまなケースで経験した人もいるのではないでしょうか。

これは、何もかもを自宅でやろうとしている弊害かもしれません。**アクションそれぞれについて、「取り組み場所」を決めることでムードを高めてみましょう。**たとえば、

- 資格試験の勉強は、自宅近くのマンガ喫茶
- 仕事の資料を読むのは会社近くのカフェ
- 小説を読むのは自宅のソファ

・企画のアイデアを練るのは会社近くの公園

などと、一つずつ決めて、とりあえず実行してみます。

人間は不思議なもので、目的が決まった場所にいると、自然と行動をとります。そのためにも、その目的を遂行するためにふさわしい場所を選ぶ必要があります。

ある記者の場合、原稿を書くのに一番、筆が進むのは「いつも行くカフェ」、次に新幹線ということでした。カフェならどこでもいいわけではなく、いつものカフェが最もはかどるそうです。テーブルの配置や流れている音楽、雑音など、さまざまな要素がからみあって、彼の集中力を引き出しているのでしょう。彼にとって、原稿を書くというミッションに最もふさわしい場所と言えます。

しかし、**最も大きな要素は、原稿を書くというミッションにふさわしいカフェに身を置くことで、「原稿を書く」というスイッチが入ることです**。以前に「筆が進んだ」という成功体験からくるプラスのイメージが、そのスイッチを強固なものにします。

いきなり、ふさわしい場所を見つけることは難しいかもしれません。まずは仮に取り組み場所を決めて、しっくりくればその場で、こなければまた場所を検討し直してみてください。

STEP 5

環境を整えるコツ ⑤

「帰宅後、最初にすること」だけ変える

夕食後すぐに歯磨きをしないと気持ちが悪いと感じる人がいます。一方、30分程度経ってから歯磨きをする人、お風呂に入ってからする人、寝る前にする人もいるでしょう。いずれも自分なりに行動の流れ、パターンが決まっていて、習慣化していると言えます。習慣化すると、「そうしないと落ち着かない」という状態にまでなります。

このしくみを利用して、**「よい習慣」を「意識的に」作っていきましょう**。たとえば「なかなか勉強に取りかかれない」場合、自宅に帰ったらそのまま勉強机に座る。テキストとノートを開く。すぐに、ノートにその日の日付とテキストのページ数を書きます。

ファーストステップは、この習慣を身につけるだけでも十分です。実際の勉強は、気が乗ればそのまま行い、乗らなければ終了でもＯＫ。まずは「自宅に帰ってすぐにテキストとノー

■自分の習慣を確認してみよう

Q：朝起きて、一番最初にすることは何？
次の行動は？　その次は？

Q：身支度の順番は？
ひげそり？　着替え？　シャワー？

Q：自宅に帰ってきたら、まず何をする？
着替え？　エプロンをつけてすぐに料理？
冷蔵庫から缶ビールを出す？

トを開く」という流れを身につけることが大切なのです。

その他にも、カフェを資料を読む場としているなら、席についてスマホは出さない。一度、スマホを手にしてしまうと、資料に手が伸びづらくなります。

いずれも、**初動をほんの少し変えることで、その後に続く「行動の流れ」を変えることを目的にしています。**よい行動の流れが習慣になれば、「そうしないと落ち着かない」状態になり、好循環が始まるでしょう。

アスリートはルーティンを大切にします。これは、よい行動の流れがよい結果を生み出すことを体験的に知っているからです。

STEP 5

環境を整えるコツ

6

朝5分だけがんばる

世の成功者達は、みな早起きだとよく言われます。早朝にジョギングしていたり、瞑想して問題解決の糸口を探ったりするそうです。

睡眠には、脳が前日の情報を整理する役割もあります。徹夜で勉強しても記憶は定着しないと言われるのは、このためです。さらに、記憶を定着させるためには、朝、前日に覚えたことをざっと見直すと効果的とも言われています。睡眠で整理された情報を一度見直すことで、知識が脳に定着します。

とはいえ、早起きが苦手な人もいるでしょう。無理は禁物ですから、まずは朝5分の時間を確保することから始めてください。**5分で1日を有意義に過ごすための準備を行います。**1日の流れを確認してから行動するため、ムダが生まれづらくなります。

■有意義な1日をスタートさせる準備

①前日を簡単に振り返る

②ビジョンノートを眺める

③その日のアポイントを確認する

④その日にやるべきタスク（仕事もプライベートも）を洗い出す

⑤タスクをスケジュールに組み込む

上図の5項目をそれぞれ1分行うとちょうど5分です。時間をかけられるなら10分程度使ってもよいでしょう。慣れてきたら、自分なりに準備項目を増やす方法もあります。

たとえば「今月の目標」「将来のビジョン」「チャレンジの成果」「今日を終えた時にどうなっていたいか」など、脳にすり込ませたいことを無理のない範囲で取り入れていきます。

似た準備を会社で行う人もいるかもしれません。この場合に行っているのは「仕事」だけ。**大切なのは「仕事」と「プライベート」の両方を思い浮かべ、両方のタスクを割り出すことです**。そのため、朝食の前後に行うことをおすすめします。

STEP 5

環境を整えるコツ

7

「100％の環境」を求めない

新しいチャレンジを始める時には、後押ししてくれる環境が必要不可欠ですが、100％最適な環境を求めすぎるのは考えものです。

たとえば「会社帰りに寄るカフェは勉強する場所」と決めるのは、自分にスイッチを入れるのによい方法です（84ページ）。しかし、カフェの座席まで決めてしまうのは考えもの。その席が埋まっていれば、勉強ができないハメに陥ってしまいます。

また、自転車ツーリングを始めるのに、最初から高額すぎるロードバイク、何着ものウェア、ナビ、タイムを計れる機器などを揃えるのは、予算がいくらあっても足りません。

時間、予算、部屋の空間などには限りがあります。「場所を決める」「必要最低限の道具を揃える」など、**まずはすぐにできることから始め、少しずつ充実させていくのが得策です。**

■100%の環境を求めない

勉強するためのカフェを決める

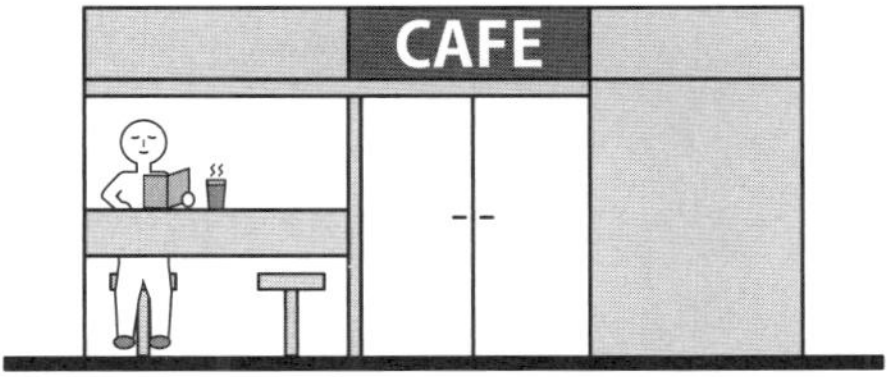

そのカフェにいることで
取り組みやすくなる

カフェの席まで決めてしまうと…

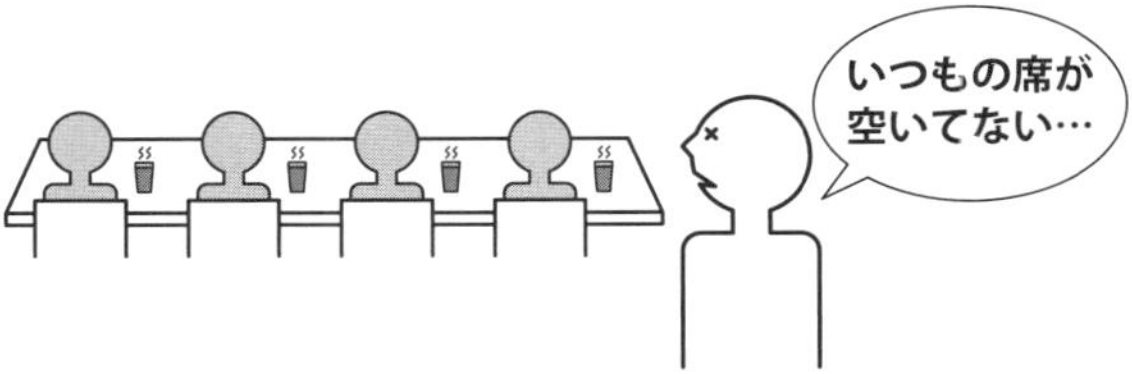

席が埋まっていたら勉強できない！

まずはほどほどの快適さで始めよう

始める力・続ける力になる名言

一日一字を記さば一年にして三百六十字を得、一夜一時を怠らば、百歳の間三万六千時を失う。

思想家・教育者　吉田松陰

私塾「松下村塾」を通じて、高杉晋作、伊藤博文ら幕末の志士らに多大な影響を与えたことで知られる吉田松陰の言葉です。「わずか1日に1文字書くだけでも1年になれば360文字になる。1日にわずか1時間を怠けると、一生で3万6000時間も失う」という意味です。「ちりも積もれば山となる」「継続は力なり」ということわざを連想させます。

松陰は残念ながら30歳という若さで処刑されましたが、彼のその大局に立ったものの見方、考え方には驚かされます。若い頃に「100年（一生）で3万6000時間も」と言っていることからも、その片鱗が窺えます。継続することの大切さをよく知っていたのかもしれません。

学び続けることの大切さを訴えていた松陰ですが、同時に次のような言葉も残しています。

「学者になってはいけない。実行しなければならない」

PART

2

ちゃんと続ける人に変わる！

自分を「3日坊主」「飽きっぽい」などと責める人がいますが、性格の問題ではありません。脳には、もとの習慣を続けようとする性質があります。この性質を新しい習慣に活かすコツを知れば、案外、簡単に継続力を身につけ、「ちゃんと続ける人」になれます。

STEP 6 習慣化するコツ

脳の3日坊主システムを利用した計画を立てよう

STEP 7 成長し続けるコツ

習慣化が進んだらステップアップを本格化しよう

STEP 8 あきらめないコツ

必ず経験するやる気の低下や、スランプを乗り越えよう

STEP 9 結果を出すコツ

"効率的に"自分が望む結果を手に入れる方法を知ろう

STEP 10 リフレッシュするコツ

心、身体のリフレッシュを取り入れて、毎日を充実させよう

STEP 6

習慣化するコツ

脳の３日坊主システムを利用した計画を立てよう

STEP 6

習慣化するコツ ①

「3日坊主」を受け入れる

自分を「3日坊主」と思い込んでいる人はいないでしょうか。悩んでいるなら、その必要はありません。

私たちの脳は、「いつも通り」を好みます。早寝・早起き、健康を目的とした運動、スキルアップを目指した勉強、前々から興味があった楽器演奏など、自分にとってどんなによいアクションを始めたとしても、それは以前と比べると「いつも通り」ではありません。

そのため、**脳は自然と「いつも通りに戻そう」と、よいアクションに抵抗します。**そして、ダイエットしたいのにおやつばかり食べてしまう、勉強したいのにダラダラテレビを見続けてしまうなど、以前の悪い習慣に戻そうとするのです。

3日坊主という言葉の根拠は、意思の弱さではなく、脳の性質を表すものなのです。

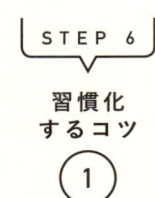

■3日坊主は脳のしくみがもたらす

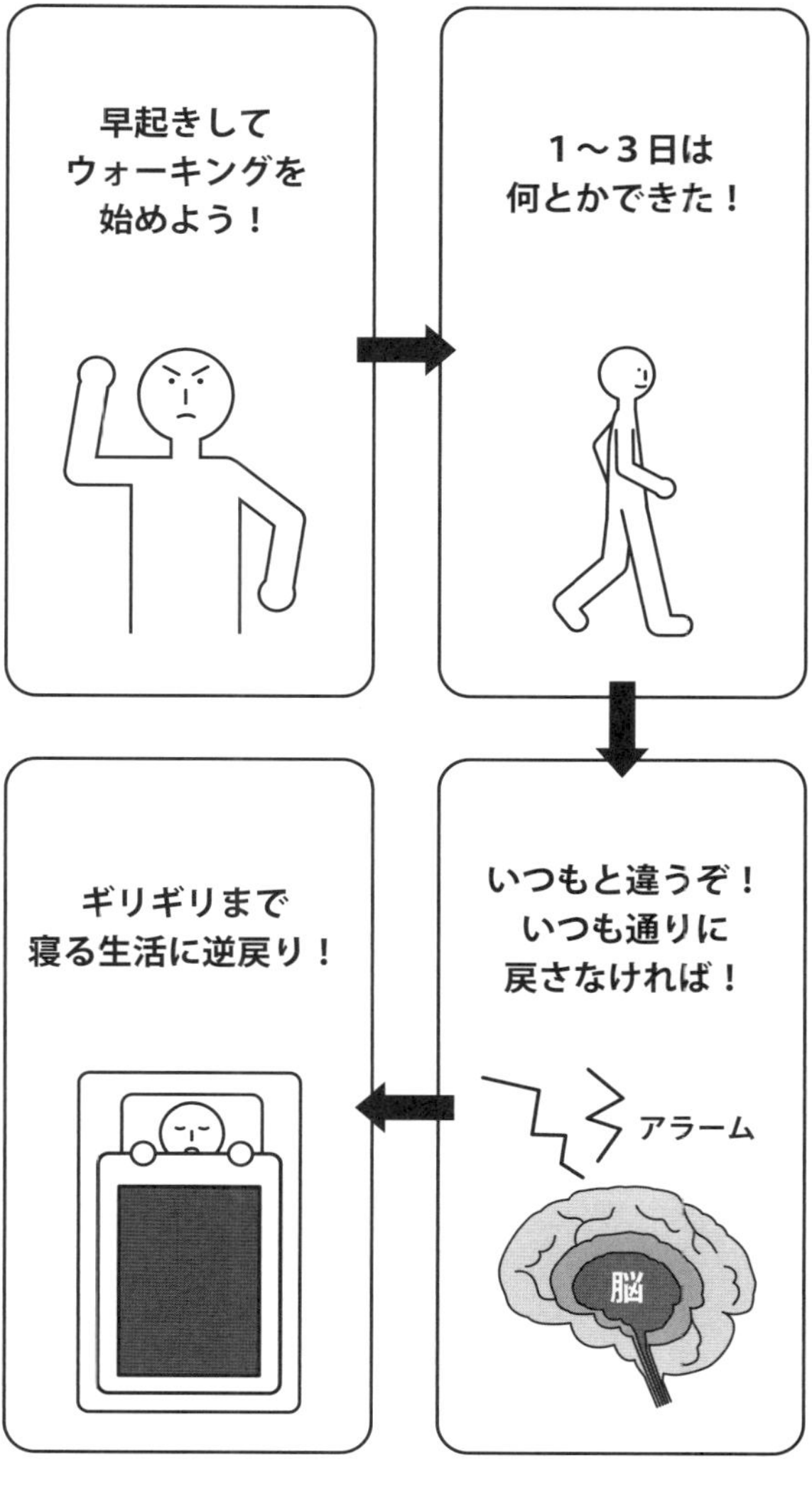
早起きして
ウォーキングを
始めよう！
1～3日は
何とかできた！
いつもと違うぞ！
いつも通りに
戻さなければ！
アラーム
脳
ギリギリまで
寝る生活に逆戻り！

STEP 6

習慣化するコツ ②

3日単位で予定を立てる

では、「月曜から水曜まで3日続いたけれど、木曜以降はまったくダメだった」と、日曜の夜に落ち込んでしまう状況をどう解決すればよいでしょうか。

この落ち込みの原因は、最初に「1週間」をターゲットにしているからかもしれません。

どうしても1週間をひとかたまりにして考えがちですが、最初から「3日」をターゲットにしておけば、「3日も新しいチャレンジができた」と捉えることができます。**「まず3日」「次の3日」「その次の3日」と、3日を1タームとして計画し、そのうち何日実行できたかどうかをチェックしていきましょう。**

仮に週に1〜2回実行すること、たとえば「週に2回ウォーキングする」などと目標にしたことでも、3日に区切って考えます。週に1回だとおよそ2タームに1回、週2回だとお

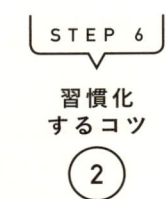

■まずは3日を1タームとして計画・チェックする

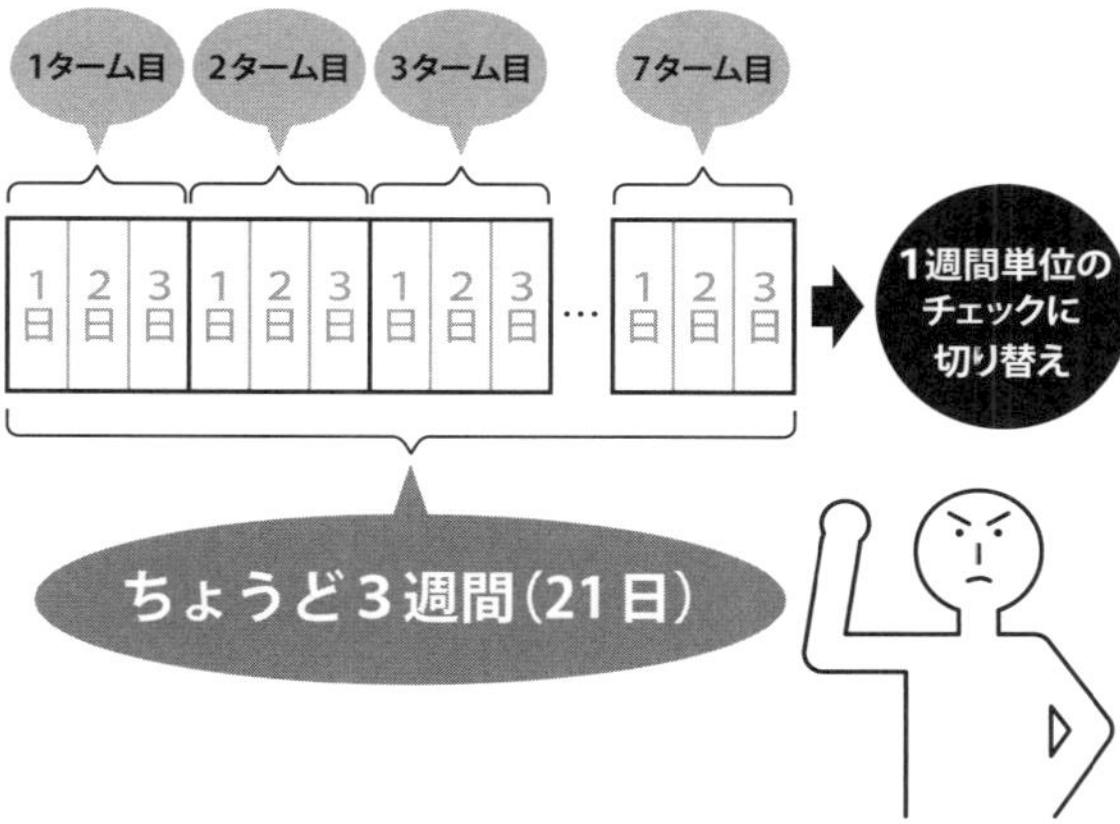
1ターム目
2ターム目
3ターム目
7ターム目
1日 2日 3日
1週間単位のチェックに切り替え
ちょうど3週間(21日)

よそ1タームに1回と計画して、実行できたかをチェックするわけです。

そして、**この繰り返しを7回行います。**3日坊主を7回繰り返すと表現できるかもしれません。

ここまでで、日数にすると、21日になっています。週に直すとちょうど3週間。脳の「いつも通りではない」アラームの作動もだいぶ治まってくるはずです。

つまり、**3週間続けられると、新しい試みの習慣化がだいぶ進んでいると言えるわけです。**この時点で、計画とチェックを1週間単位に変更すると、「3日坊主になってしまった」と落ち込まずにすみます。

STEP 6

習慣化するコツ ③

「続かないパターン」を知っておく

３日を１タームとして７回繰り返すといっても、**１つずつのタームは全く同じではありません。脳も環境も、心も変化していきます。**

その変化はおおむね３つの時期に分かれて起き、タイミングには個人差があります。ここで紹介する目安以上に変化がスピーディに、逆にゆっくり起きる場合もあります。

自分の状態を客観的に判断し、対応するためにも、それぞれの時期の特徴を知って、乗り切りましょう。

- ステージ１・脳の抵抗期……２〜３ターム目が目安（１０４ページ）
- ステージ２・もらい事故期……３〜５ターム目が目安（１０６ページ）
- ステージ３・マンネリ期……５〜７ターム目が目安（１１２ページ）

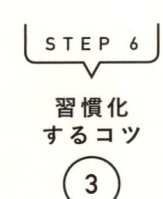

■「始めた後」に起きる脳・環境・心の変化

ステージ1 **脳の抵抗期** 2～3ターム目 （6～9日）	最も脳の抵抗が激しく、元の悪い習慣に戻そうとする時期。結果を気にせず、まずは「楽にできるアクション」から始め、「新しく取り入れた習慣」を「いつも通り」と感じるまで脳の抵抗力を下げることが重要。
ステージ2 **もらい事故期** 3～5ターム目 （7～15日）	天候不順や仕事の繁忙期など、自分の意図ではないことが起きやすい時期。置かれた状況に振り回されると、続けるのが難しくなりやすいので注意が必要。アクションのレベルをそのままにするか、上げるかを検討する。
ステージ3 **マンネリ期** 5～7ターム目 （13～21日）	ある程度の習慣化ができているが、逆にマンネリを感じ始めてくる時期。特に結果が見えづらいと継続が難しくなる。アクションのレベルを上げる、別の手段やアクションを取り入れるなど、よい習慣を残しつつ、さらに新しい習慣を取り入れる。

※人によって変化が遅い場合もあるので、自分のペースを大切に

STEP 6

習慣化するコツ ④

コンディションを記録する

では、自分がいる時期を正しく見極めるにはどうすればよいでしょうか。

それぞれの時期の特徴をよく知っておくことは大前提。そのうえで、**自分の脳・環境・心の状態をできるだけ客観的に捉える必要があります。**

自分のコンディションは、把握しづらいものです。意識して、自分を客観視する時間を持つようにしましょう。自分との対話の時間を持つわけです。

おすすめは、朝の準備時間（88ページ）など、前日を振り返る際に、自分のコンディションを確認してみること。「昨日はうまくいった」「趣味の時間を持てた」「仕事で少し疲れた」「飲み会でお酒を飲み過ぎた」など、簡単でかまいません。

自分の状態を紙に書き出すとさらに効果的です。たった一文の殴り書きでも、書くことで

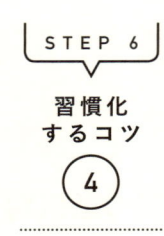

■自分のステージを見極めよう

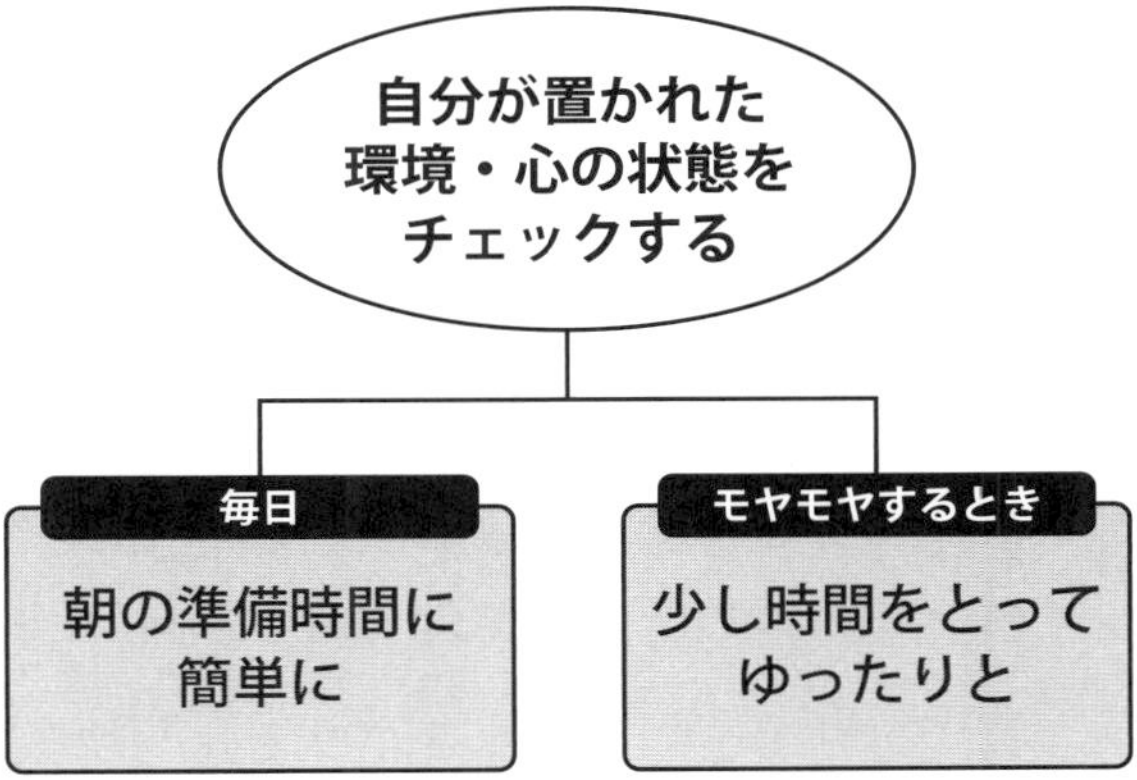
自分が置かれた
環境・心の状態を
チェックする
毎日
朝の準備時間に
簡単に
モヤモヤするとき
少し時間をとって
ゆったりと

紙に書き出すと効果的！

発見があったり、自分でも気づかなかった気持ちをはき出すことができます。

ほんの1分程度でかまいませんので、毎日続けていると、状況の変化に気づきやすくなります。「そういえば、机に向かうのが苦にならなくなってきた」「なかなか前に進まないもどかしさを感じているな」など、自分を客観視できるようになるわけです。

しかし、毎日この作業を続けていても、なんとなくモヤモヤしたり、悩みが生まれてしまうこともあります。そんな時には、準備時間とは別に、少し時間をとって自分と向き合ってみましょう。同じ作業でも、ゆったりした気分で行うことで新しい発見があります。

STEP 6

習慣化するコツ

5

〝一気に〟がんばらない

人は「やる気になってから行動を起こす」のではなく、「行動を起こしているうちにやる気になる」と言われています。「気が重くてなかなか手がつけられなかった仕事に重い腰を上げて取り組んだら、意外と楽しくできた」という経験があるでしょう。これも、このやる気と行動の関係のせいです。

ステージ1では〝小さな一歩〟でOKなのは、これが理由でもあります。「毎日、部屋を掃除する」を習慣にしたいなら、初日のアクションプランは「ふきんを手に持つ」だけでOK。ふきんを手にすると、自然とテレビ台を拭いてみたりするものです。すると、隣のDVDラックのほこりも気になって……、と行動が連鎖していきます。

ただし、この時期には無理をしすぎないこと。小さな一歩を積み重ねて、脳の拒否反応を

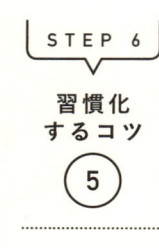

■「小さな一歩」の積み重ねが「理想」を実現する

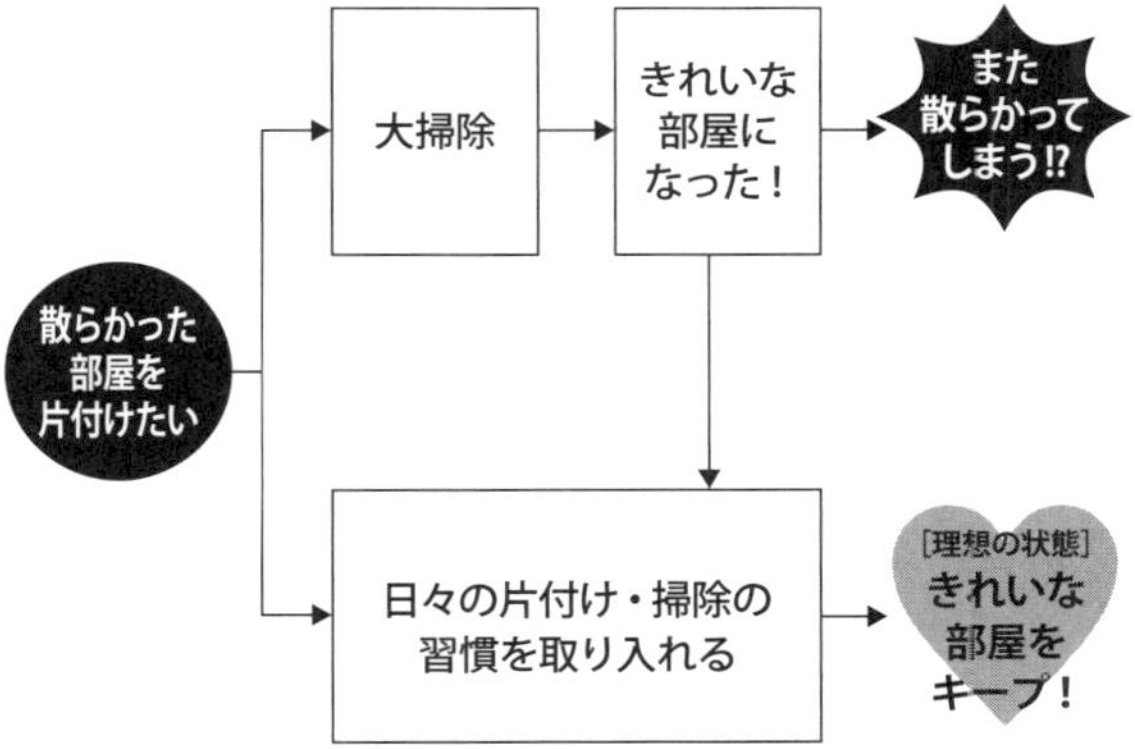

最小限に抑えます（22ページ）。スイッチをパチッと押して電灯をつけるのではなく、明るさ調節つまみを少しずつ回すイメージです。

注意が必要なのは、小さな一歩を積み重ねている間、今ひとつ充実感を感じられないことです。「きれいな部屋をキープしたい」という目標は、テレビ台の拭き掃除とは遠くかけ離れているように感じ、「一気に断捨離したい」「週末に大掃除しよう」と結果を急いでしまいます。

しかし、大掃除で「きれいな部屋」は手に入っても、「きれいな部屋をキープ」は実現できないはずです。**「今は脳を騙す時期」と言い聞かせて、積み重ねていきましょう。**

STEP 6

習慣化するコツ

6

難易度は「少しずつ」上げる

小さなアクションプランを行うのに抵抗感がなくなってきたら、ステージ2に進みましょう。**少しずつアクションプランのレベルを上げていきます。**

たとえば「朝、拭き掃除を3分行う」ことから始めて「5分間の拭き掃除」に慣れてきたとします。そうしたら、「リビングの床のホコリをモップでざっと除く」「リビングだけでなく寝室も拭き掃除する」など、自分なりにレベルアップするわけです。

レベルアップは、時間を延ばす、範囲を広げる、負荷を上げるなどが一般的です。この頃になると、小さな一歩に物足りなさを感じているはずなので、レベルアップが楽しめるようになります。

とはいえ、まだ脳の抵抗が起きても不思議はない時期なので、レベルアップは徐々に行い

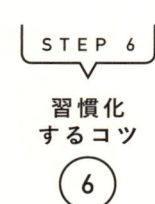

■ステージに合わせてアクションプランを引き上げる

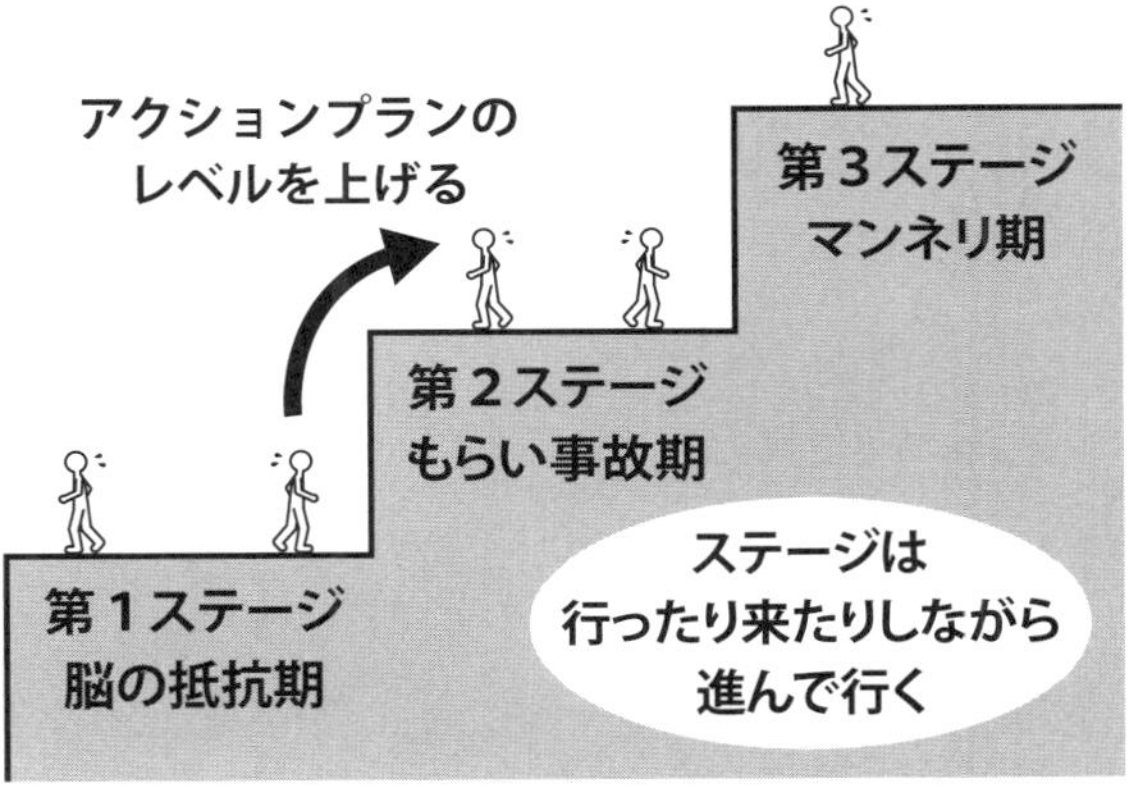
アクションプランのレベルを上げる
第３ステージ
マンネリ期
第２ステージ
もらい事故期
第１ステージ
脳の抵抗期
ステージは
行ったり来たりしながら
進んで行く

ましょう。負荷が大きすぎると、そこで抵抗が起きてしまい、続けられなくなる可能性があるからです。

もし抵抗が起きてしまった、または負荷がつらいと感じたら、アクションプランのレベルを下げましょう。ステージ1、脳の抵抗期のアクションプランに戻ってもかまいません。

ステージ1、ステージ2、ステージ3は常に前に進むのではなく、行ったり来たりしながら進んでいくものです。

いったん後戻りしても、結果的に早く最終目標に近づけることはよくありますので、焦らないこと。自分の様子を見ながら、アクションプランのレベルを調整しましょう。

STEP 6

習慣化するコツ ⑦

ルーティンに組み込む

アクションプランのレベルを引き上げても大丈夫そうなら、アクションをルーティン化します。

たとえば「きれいな部屋をキープする」のが目標なら、「毎朝20分の掃除」が手段です。ルーティンは「月曜日はリビング、火曜日は寝室、水曜日は玄関……」と、アクションとタスクを洗い出して、順番通りに並べることと言えます。

アクションプランは実行前にある程度ルーティン化をイメージしておきます。実行してみて、ルーティンに不都合があれば修正しましょう。

つまり、**ステージ2のもらい事故期は、「アクションレベルを最初に計画していたレベルまで引き上げながら、それを実行しやすいルーティンを確立する時期」**とも言えます。

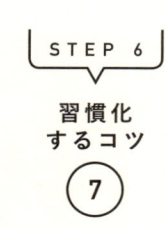

■アクションプランを実行しやすいルーティンを作る

最終的な目標

きれいな部屋をキープする

↓

手段

毎日20分掃除する

↓

ルーティン

効果
- 頭を使う余地が少なくなるので疲労しづらい
- 集中力を高められる
- パフォーマンスを高める

月曜日	リビング
火曜日	寝室
水曜日	玄関
木曜日	子供部屋
金曜日	廊下
土曜日	ベランダ・窓
日曜日	キッチン

STEP 6

習慣化するコツ

8

「プランB」を用意する

ステージ2は、せっかく**定着し始めた新しいチャレンジが、自分ではない要因によって、定着を阻害されやすい時期**でもあります。「もらい事故期」です。

「1日1時間の勉強が身につき始めていた頃に、会社の繁忙期を迎えてしまった。残業が毎日続いてしまい、疲れてしまって勉強時間を確保できなくなった」

「ウォーキング3キロが楽になってきて、5キロに延ばそうとした頃に、雨が2日続いて休んだ。3日目は晴れたけれど、何となく再開できなくなった」

などが典型的な例でしょう。

まさに〝もらい事故〟なのですが、**よくよく考えてみると、会社の繁忙期、残業、天候不順などは日常的に起きることです。**起きて当たり前のことですから、あらかじめ対応策を知っておく必要があります。対応策は大きく2つありますので、両方をその場の状況に合わせて適宜、選んで実行します。

❶事故が起きたときの「プランB」を立てておく

スケジュールに予備日を入れるのが典型的なプランBです。月曜、火曜、水曜……と、タスクを決めている場合には、日曜日を予備日にするなどして、実行できなかった日の振り替えを行います。ただし、事故が続いた場合には、予備日が足りなくなる可能性があります。「予備日がある」と慢心して「まとめてやろう」などと考えると、予定を取り戻すことができなくなるので注意が必要です。

❷あえて振り替えは行わず、ルーティンを回す

「月曜日はリビングの掃除ができた」けれど、「火曜日は寝室の掃除ができなかった」場合でも、予定通り水曜日には玄関の掃除を行います。その週はあえて寝室の振り替えを行わず、来週の火曜日にいつも通り寝室の掃除をするわけです。

いずれにしても、事故による最も大きな弊害は「予定が狂ったことで気持ちが萎えてしまい、再開できなくなる」ことです。事故を気にしすぎないことも大切と言えます。

STEP 6

習慣化するコツ

9

〝ちょっとした〟変化をつける

ステージ3は、新しい試みが定着してきて、続けるコツも身につき始めた頃です。だいぶ習慣化が進んだ状態と言えます。このステージで注意が必要なのは、マンネリ感です。

習慣化が進んできたといっても、最終的な目標まではたどり着いていないはず。結果らしい結果も出ていないとなると「何のために続けているのかな」と疑問に感じてしまうかもしれませんし、ある程度の結果が出ているなら「今日くらいサボっても大丈夫かな」と怠け心が出てきます。

そのため、ステージ3のマンネリ期は工夫で乗り切る必要があるわけです。**なかでも効果的なのは〝ちょっとした〟アレンジメニューの作成です。**

〝ちょっとした〟とは、まず「肉じゃが」の基本のレシピを作れるようになったら、味つけ

■同じジャンル内でアレンジする

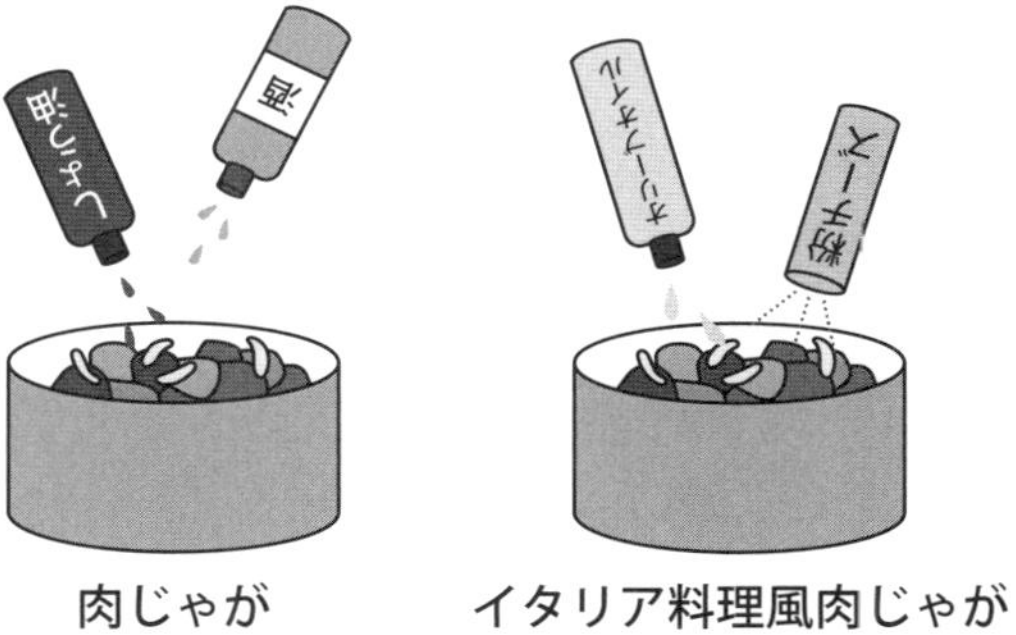

“ちょっとした”アレンジでマンネリを打破しよう！

をアレンジして「イタリア料理風の肉じゃが」にする、というイメージです。

料理のレパートリーを増やすだけなら「肉じゃが」の後で「ちらし寿司」をマスターしてもよいのですが、これは別のメニュー。

〝ちょっとした〟とは言えません。**あくまで同じジャンル、同じ範疇内に入る程度でアレンジメニューを作ります。**

たとえば、ジョギングなら「新しいウェアを買う」「コースを変える」「記録のつけ方を変える」「仲間と一緒に走る」「走る時間を変える」などがあります。多少の違いがマンネリへの適度な刺激剤になりますので、いろいろと試してみましょう。

始める力・続ける力になる名言

並外れた結果を出すのに、並外れた努力はいらない。
ただ、日々の、普通の物事を、完璧にすればいいだけだ。

投資家　ウォーレン・バフェット

「世界で最も裕福な投資家」「投資の神様」と呼ばれるウォーレン・バフェットには、数々の伝説と言えるようなエピソードがあります。総資産額は9兆円、ビル・ゲイツが設立した財団に約4兆円を寄付、バフェットが参加する株主総会にバフェットをひと目見ようと4万人の人が集まる……。

バフェットの信奉者は多く、毎年、ランチをする権利をオークションに出して1億円以上の値がついています。ちなみに、オークションの落札額は全額寄付されるとか。

しかし意外なことに、この派手なエピソードに反して、バフェットの投資方法は非常にシンプルです。「給料を使い切らない」「貯金をする」「投資は長期で」など、誰もができそうな簡単なことばかり。しかも、バフェットが投資を始めた時の元手は約200万円。たった200万円とシンプルな方法でここまでの資産を築いてきたからこそ、この言葉に重みがあります。

STEP 7

成長し続けるコツ

習慣化が進んだらステップアップを本格化しよう

STEP 7

成長し続けるコツ ①

「大きな目標」に切り替える

新しいチャレンジを始めた当初は、大目標を「ふわっとした憧れ」程度にしておき、目の前の小さな目標に集中することが大切です（22ページ）。しかし、ある程度チャレンジが習慣化してきたら、大目標も意識するようにしましょう。大目標の実現にリアリティを感じられるようになれば、続けていく大きなエネルギーになります。

たとえば「1ケ月1キロの減量を2ケ月続けて2キロ痩せられた」ら、ゴールの「1年で10キロの減量」をターゲットにします。「まだゴールは遠い」と感じるなら、「半年後には5キロ」など、自分が具体的にイメージできるところに中目標を置き、ターゲットとします。

自分のモチベーションの具合によって小目標、中目標、大目標の視点を切り替え、心にエネルギーを補充し続けましょう。

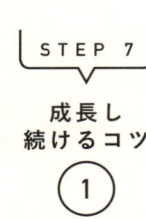

■「始めた後」に起きる脳・環境・心の変化

◎始めた当初、また疲れているときなどは

小さな目標に集中する

あの電柱まで
走ろう

◎習慣化はできているが、最終ゴールの実現は実感できないときなどは

中間地点などに中目標を置いてターゲットにする

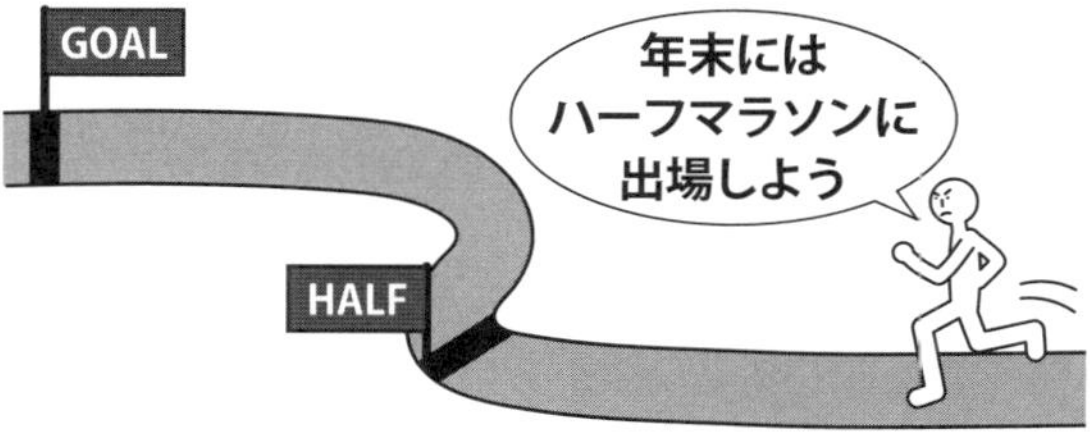
GOAL
HALF
年末には
ハーフマラソンに
出場しよう

◎習慣化できたとき、調子がよいときなどは

大目標を具体的にイメージする

ホノルル
マラソン
ニヤニヤ

STEP 7

成長し続けるコツ ②

新しい「やり方」を試してみる

新しいチャレンジがある程度習慣化できてきたら、新しい手段や新しい目標のスタートを検討しましょう（30ページ）。

新しい手段とは、「ダイエットで食事制限が習慣化できたから、運動を始めよう」「英語で教室に通うのに慣れてきたから、ラジオ英会話を始めよう」などの場合です。

新しい目標は「英語に加えて、スペイン語にも挑戦してみよう」「簿記の２級が取れそうだから、１級の勉強も始めてみよう」などです。

計画のタイミングは、すでに行っている事柄がステージ３になったあたり（１００ページ）。次のチャレンジを何にするか、どういうスケジュールで実行していくかを計画します。

もちろん、ステージ３に入ったばかりでは、まだステージ２に後退する可能性もあります

■新しいチャレンジを計画・実行する

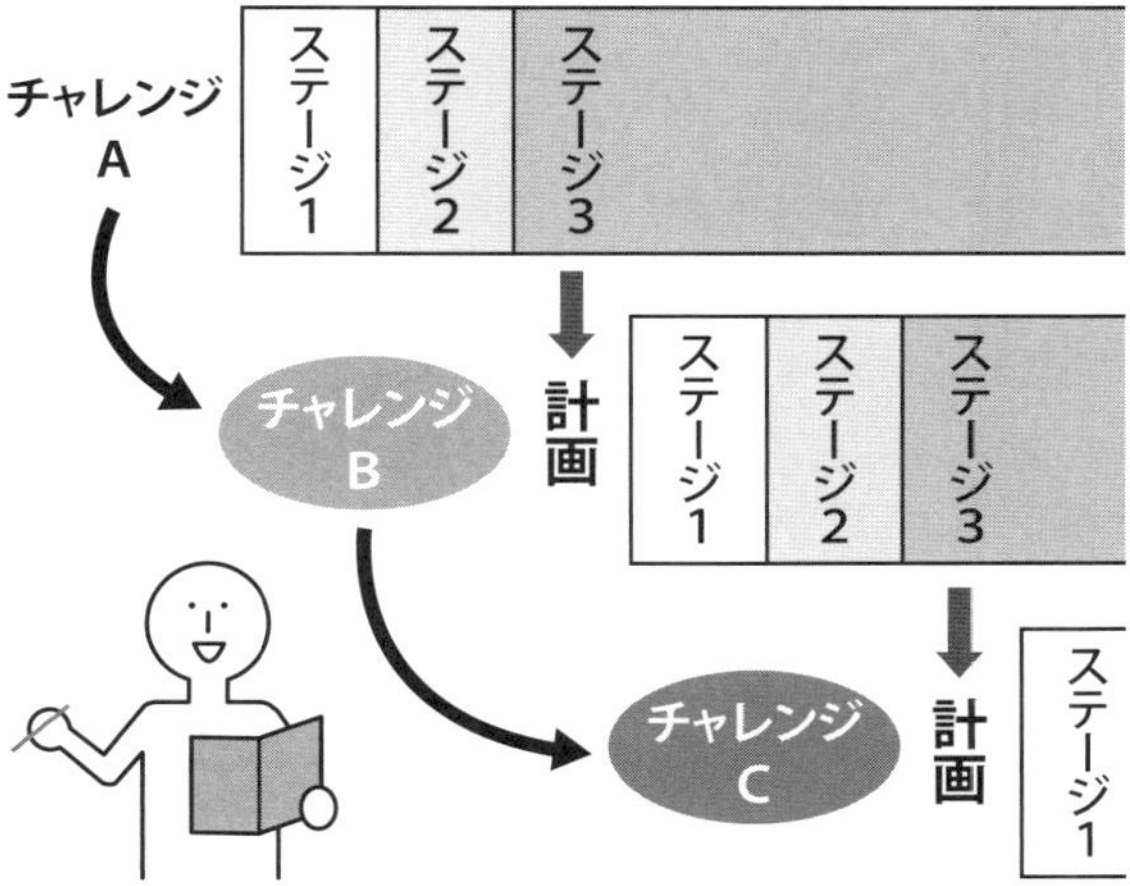

（106ページ）。そのため、実際にスタートさせるのは難しいかもしれません。しかし、計画するだけでも、すでに行っている事柄のマンネリ気分が刷新されるため、よい影響を与えるはずです。

ステージ3の初期に実際に新しいチャレンジの計画をし、実行を開始するのは中盤以降。最初のチャレンジと同じように〝小さな一歩〟で始め、少しずつ大きく育てていきましょう。

このサイクルで次々と新しいチャレンジを始め、続けられれば、よりよい習慣が数多く身についていくことになります。

繰り返していけば、自分が理想とする自分に近づけます。

STEP 7

成長し続けるコツ ③

「ゴールの先」をイメージする

ここまで「大目標」「最終目標」「憧れ」といった言葉でゴールを表現してきました。しかし、より正確にいうと、その**ゴールも通過点でしかない**はずです。

資格試験に合格したいのは、その資格を使って活躍することが目的でしょう。英語をマスターしたいのは海外でビジネスをしたいから、筋トレで身体を鍛えるのは異性の好感度を上げたいからかもしれません。

ゴールの先をイメージできれば、気持ちがぶれづらくなります。ゴールは叶わない夢ではなく通過点と感じられれば、現実感を持って捉えられます。また、単に「司法試験に合格する」より、「弁護士になって困っている人の役に立つ」と考えたほうがモチベーションの裏づけとなりますので、スランプ時などにもしっかり気持ちを保つことができます。

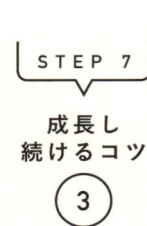

■ゴールの先をイメージする

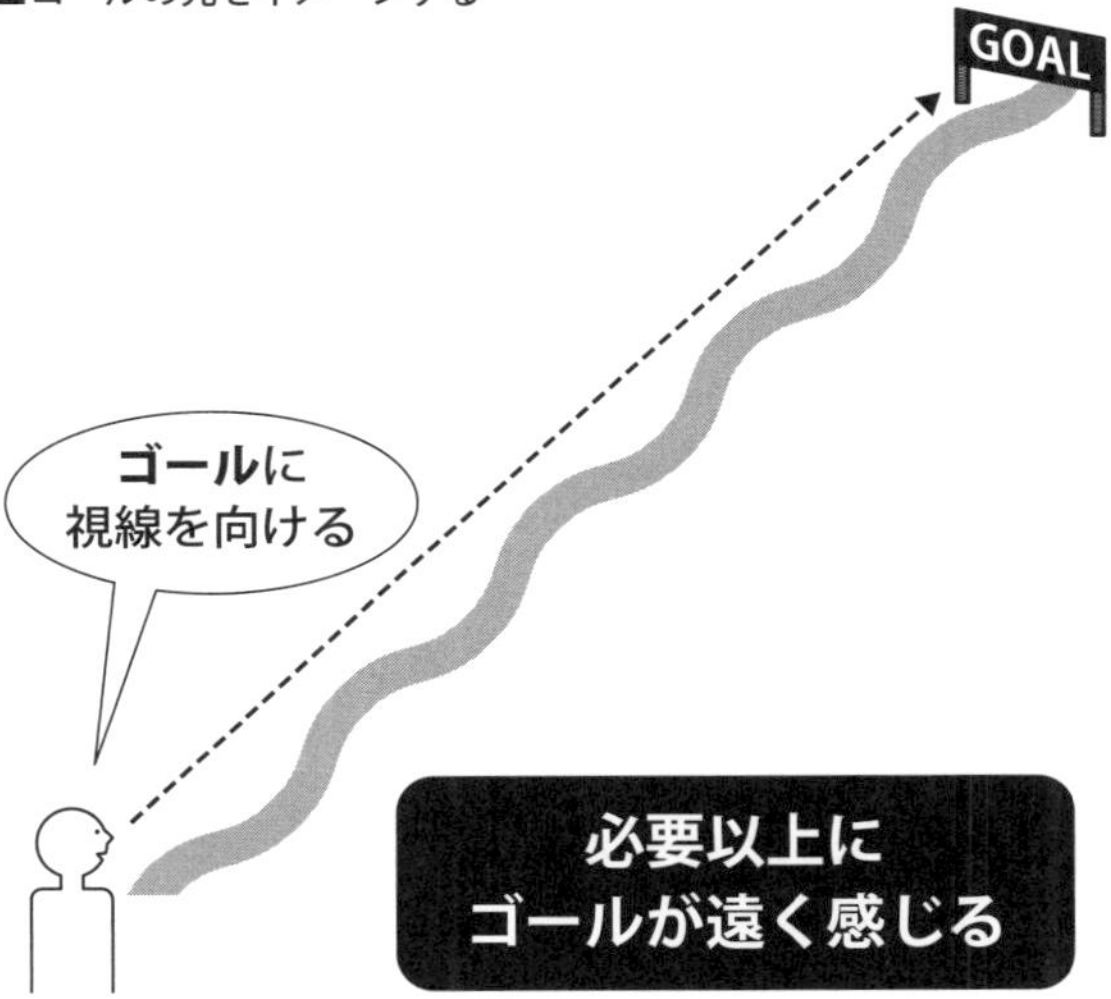

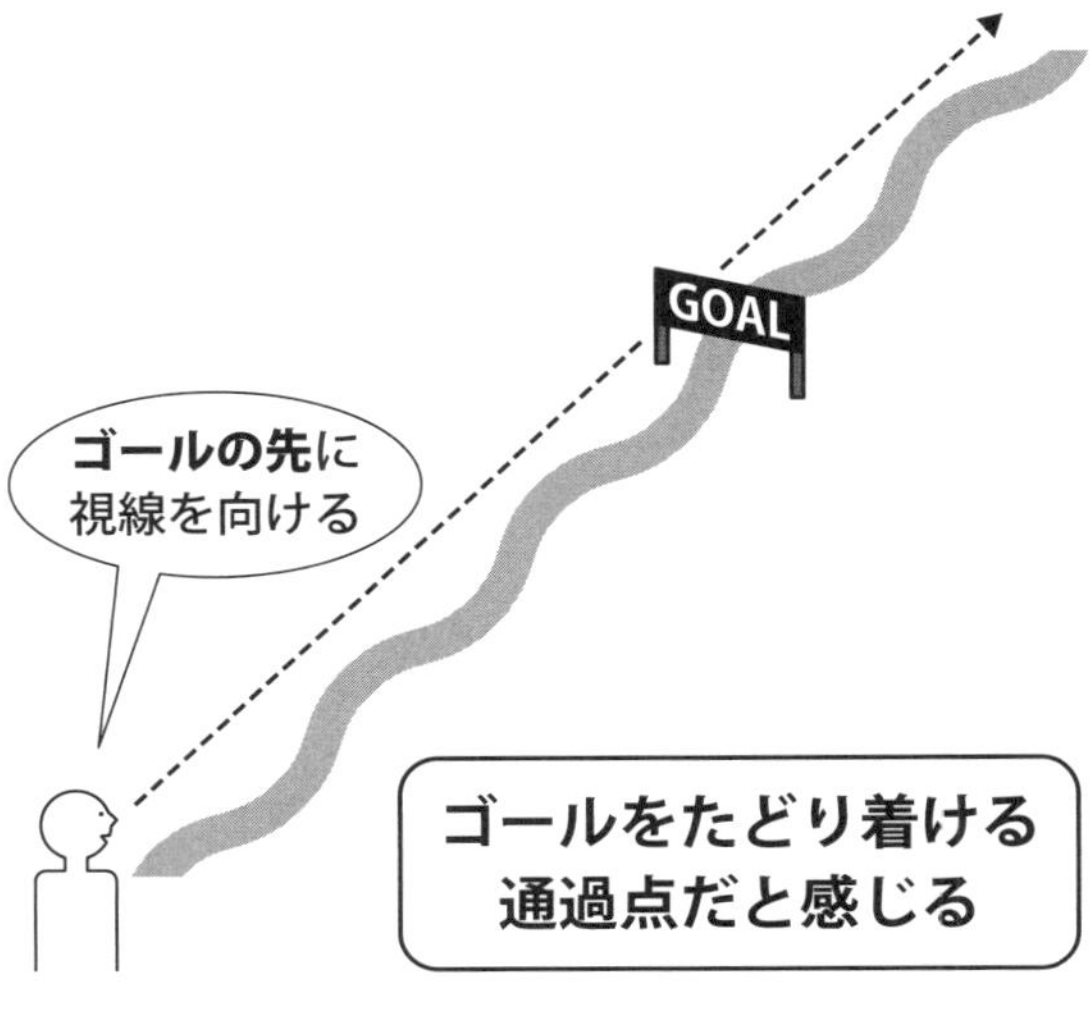

STEP 7

成長し続けるコツ ④

"もう一度"宣言する

チャレンジが習慣化して、中目標、大目標の達成にリアリティを感じるようになったら、改めて周囲の人に「○○する！」と宣言しましょう。

始める際にも、親しい人には宣言していますが（66ページ）、ある程度定着したところで再度、宣言すると、周囲の応援をさらに大きくする効果があります。

華やかなゴールに到達するまでの課程は、意外と地味な作業の繰り返しです。

モデルルームのようなきれいな部屋を保つには、毎日、地味な片付けと掃除が欠かせません。資格試験の勉強は、暗記と練習問題の繰り返しですし、スポーツの技術向上も基本練習の繰り返し。音楽、絵画、料理、芸事……。すべて、基本を反復練習して脳と身体にたたき込むことで上達していきます。

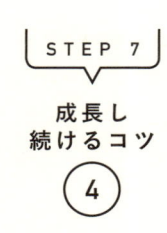

■「応援の力」が前へ、前へと進ませてくれる

しかし、基本練習は地味なので、ある程度習慣化が進むと、マンネリを感じてきたり、チャレンジに飽きてきたりするわけです。場合によっては、スランプから諦めてしまう人もいるでしょう。

このようなときに、周囲の応援の声が高まれば、また前に進むことができます。

スポーツ心理学では、アスリートが応援されると「より限界に近いところまで努力しようとする」傾向があるという研究結果が出ています。

試合を終えた選手が記者会見などで「みなさんの応援のおかげで」と話をするのは、建前ではなく実感から生まれているのです。

STEP 7

成長し続けるコツ

5

結果は「突然」「一気に」出ると知る

往々にして、求める「結果」は突然表れるものです。グラフにすると、右肩上がりの直線ではありません。**しばらく低空飛行を続け、ある時点で急カーブを描くようになります。**

それは、赤ちゃんが言葉を獲得していく課程に似ています。赤ちゃんは言葉を話すだいぶ前の時点で、言葉を理解するようになります。それをアウトプットできない状態が続きますが、少しずつ単語を話すようになっていきます。それがつたない二語文になり、三語文になったかなと感じた後、急激に会話が増える「言葉の爆発期」を迎えます。まるで、言葉というバケツから水があふれ出るような状況です。

大人の新しいチャレンジも、赤ちゃんの言葉の獲得とよく似た経緯をたどります。**結果が出ないと焦るより、結果の爆発期を迎える日を楽しみに、バケツに水を入れ続けましょう。**

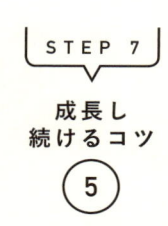

■結果が出るメカニズム

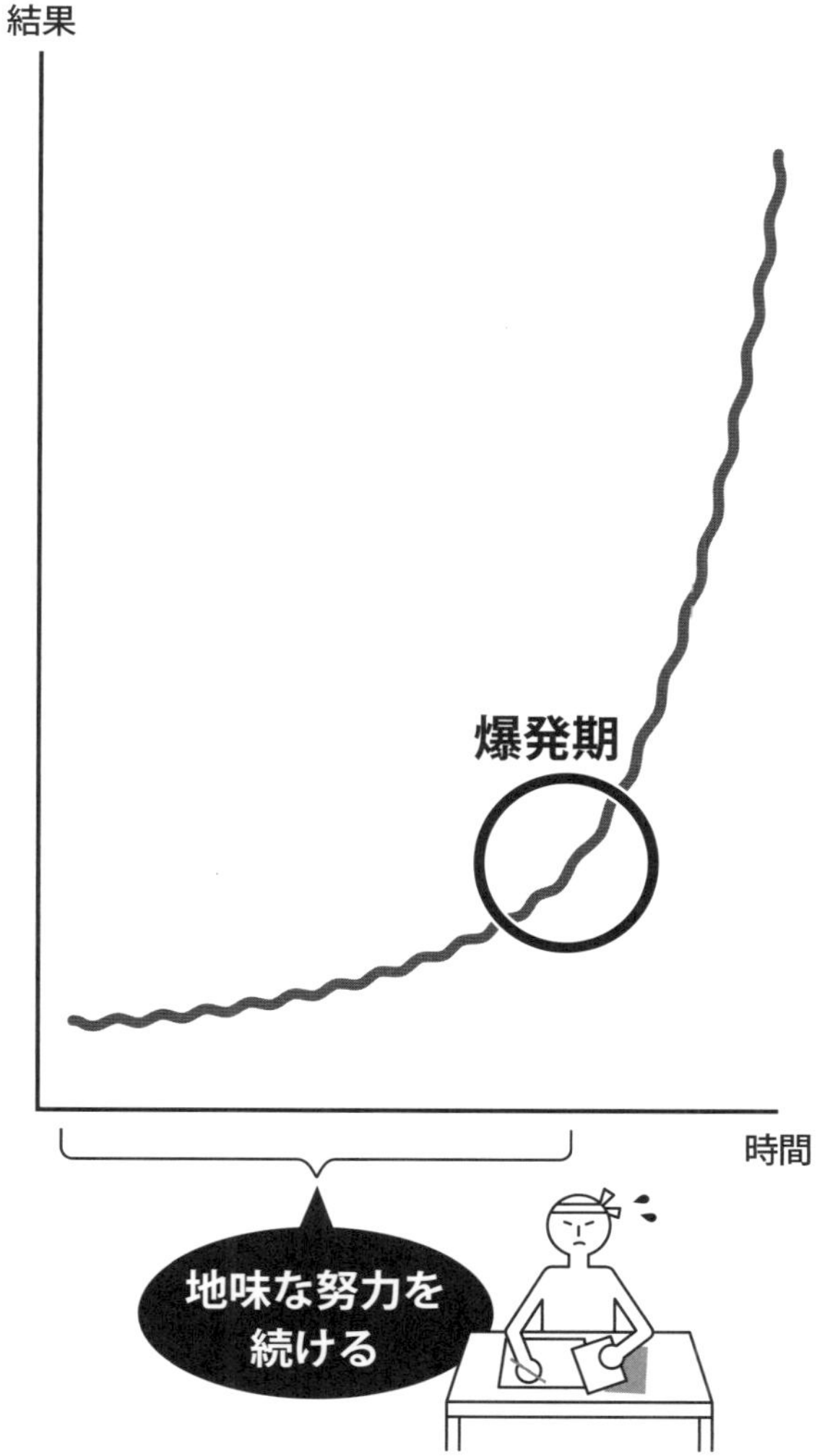

STEP 7

成長し続けるコツ ⑥

「よく会う人」を変える

日本を代表する経営コンサルタントである大前研一さんの名言の中に、次のようなものがあります。

「人間が変わる方法は3つしかない。1つ目は時間配分を変えること。2つ目は住む場所を変えること。3つ目は付き合う人を変えること」

本書でも、1つ目と2つ目については似たことを紹介してきました。

時間配分は、新しいことを始める前後で変えているでしょう。時間を生み出す方法についても紹介しました（34ページ）。住む場所については、表現は違いますが「環境」のことです（78ページ）。チャレンジに取り組みやすい環境を作ったり、カフェや図書館、スポーツジムなど取り組み内容によって場所を変えることをおすすめしています。

■３つを変えれば劇的に変わる！

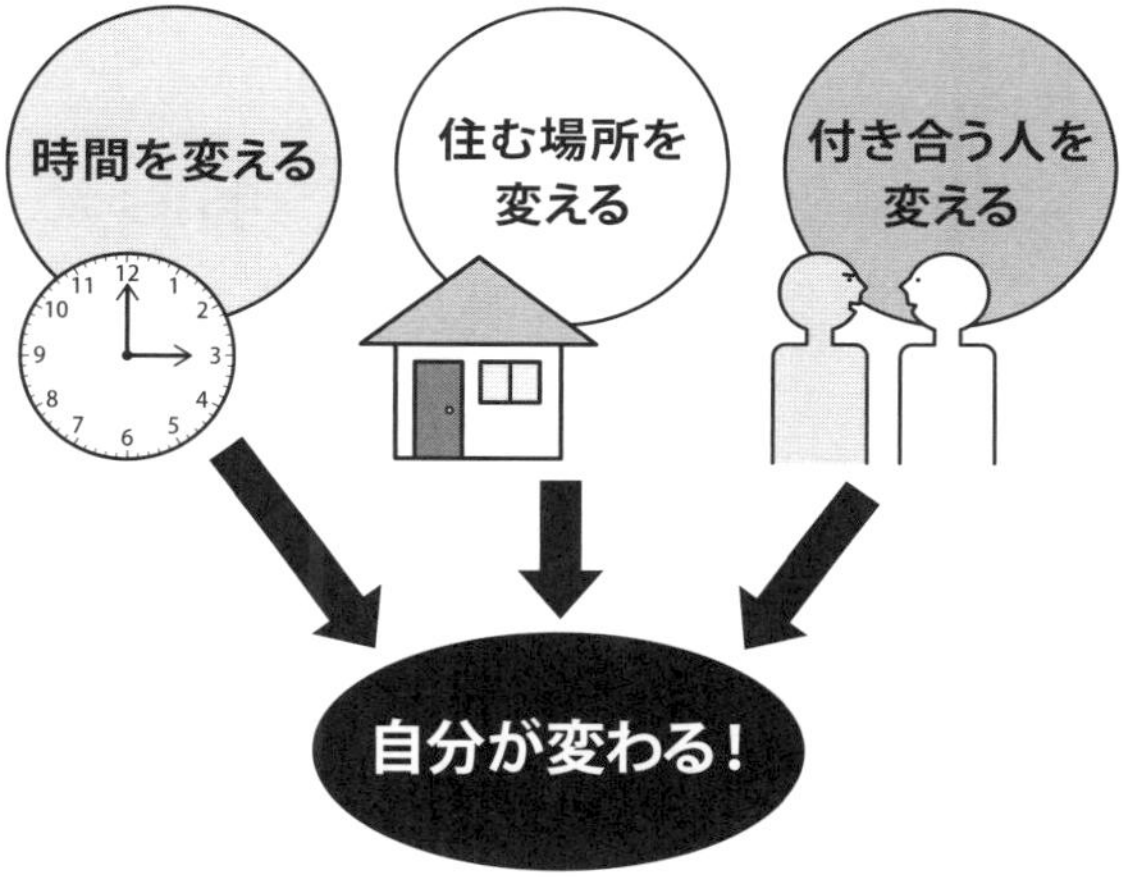
時間を変える
住む場所を
変える
付き合う人を
変える
自分が変わる！

ここで紹介するのは、最後の「付き合う人」です。人は、誰しも周りから多くの影響を受けています。**言うまでもなく、影響力が大きいのは「よく会う人」ないし、「よく連絡を取り合う人」です。**

一説によると、最も自分に影響があるのは5～7人前後だとか。「自分に大きな影響を与えている7人の平均年収を計算すると、自分の年収になる」とさえ言われています。

だからこそ、目標を次々に達成している人、運が強い人、同じ目標に向かって努力を重ねている人など、尊敬できる人、見習いたい人と積極的に付き合いましょう。自然と自分のレベルを引き上げてくれます。

始める力・続ける力になる名言

日登美のすごいところはそれを50回、100回と黙々とやれることなんです。

レスリング監督　藤川健治

2012年に行われたロンドンオリンピックの女子レスリング48キロ級で金メダルを獲得した小原日登美選手を評した、藤川監督の言葉です。

小原選手は世界選手権で8回優勝するなど、レスリングの世界では名選手として知られていました。しかしケガをしたり、オリンピックで小原選手の51キロ級が外れたりしたために、オリンピックには縁がなく、現役を引退します。その小原選手をもう一度現役に誘ったのが藤川監督でした。

「器用な選手と思われているかもしれませんが、そんなことはありません。ほかの選手なら3回やれば覚えられることが、5回も6回もかかる。でも、日登美のすごいところはそれを50回、100回と黙々とやれることなんです」

「お手本のよう」とまで言われる小原選手の技術は、センスではなく、地道な繰り返しで身につけたものなのです。

STEP 8

あきらめない コツ

必ず経験するやる気の低下や、スランプを乗り越えよう

STEP 8

あきらめないコツ

①

「ワンアクション」だけやってみる

続けていると、どうしても気乗りしない日、やる気がでない日があります。その気持ちを振り払って行動できるならよいのですが、いつもそうできるとは限りません。仕事で疲れていることもあるでしょうし、体調が優れない日もあります。

「どうしても面倒だ」「きついな」と感じる日は、チャレンジを始めた当初の小さな一歩に戻ってみましょう。それすら厳しいなら、ワンアクションだけでもかまいません。

たとえば、スポーツジムのサウナに入るだけ、掃除ならダイニングテーブルを拭くだけ、棚からテキストを取り出すだけ、ビジョンノートを開くだけ、勉強机に座るだけ、程度であればできるのではないでしょうか。「テキストを取り出して、パラパラめくって終わり」でもかまいません。

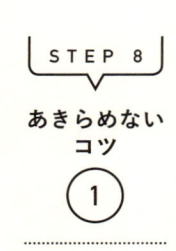

■どうしても気乗りしないときの対処法

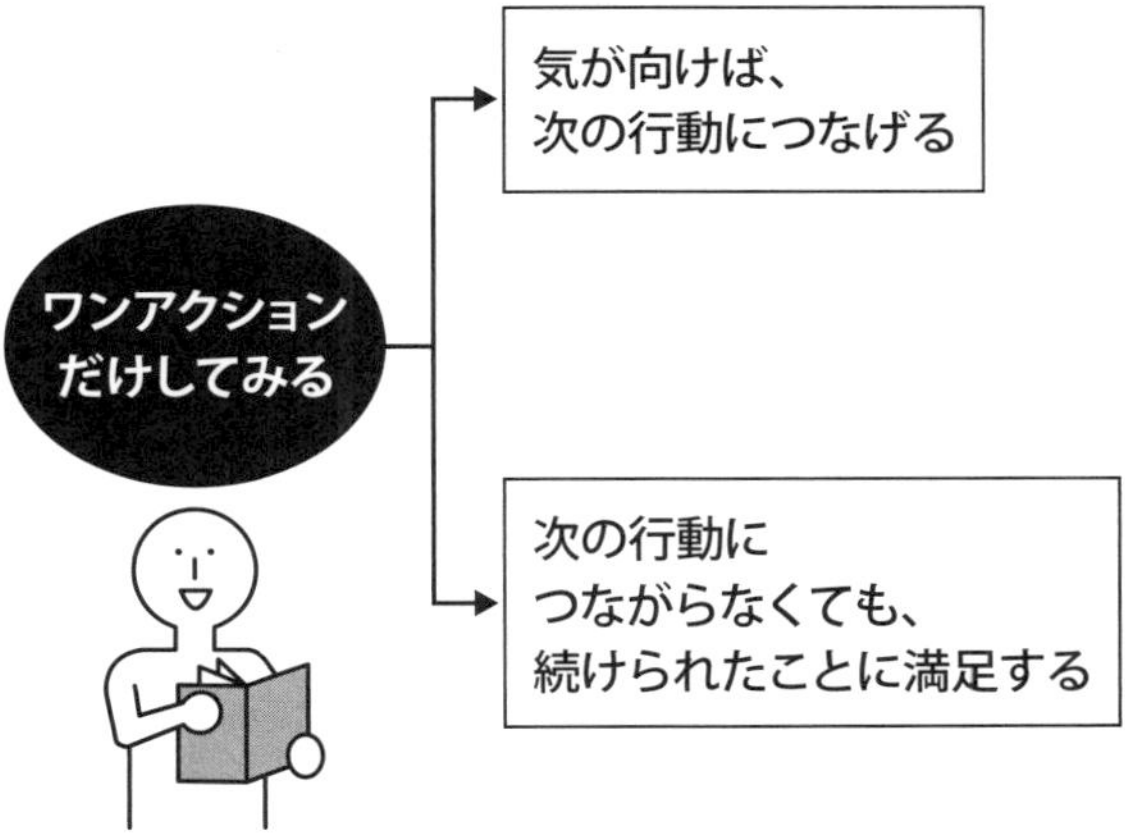
ワンアクションだけしてみる
気が向けば、次の行動につなげる
次の行動につながらなくても、続けられたことに満足する

テキストをパラパラめくって、気になるページがあればそのまま読めるかもしれません。**気が向けば、次の行動につながる可能性があります。**

次の行動につながらなくても、「アクションをした」という事実は残ります。「続いている」わけです。**何もしなければ×ですが、小さな行動でもやれば△になります。**

たしかに、たった1日の小さな行動で大きく結果が変わるわけではありません。しかし、気乗りしなくても「続けている」事実だけで、十分、賞賛に値できることです。「アクションレベルは低かったけれど、調子が悪いなりに今日もできた」と自信を持ちましょう。

STEP 8

あきらめないコツ

2

得意なことだけやってみる

もし、「まったくやる気がないわけではないけれど……」「何となく停滞しているな」などという状況なら、自分が得意なことだけをやってみる方法もあります。

得意な分野、好きなトレーニングなら、「今ひとつ」な気分の時でも楽に取り組めるはずです。得意分野の強化にもつながって一石二鳥でしょう。

ただし、**時間は決めて行うようにします。**好きなことをしていると、ついつい長時間やってしまいがち。不得意分野から遠のけば遠のくほど、苦手意識が強くなっていきますので、「30分だけ」「今日だけ」などと決めて、時間通りに終えます。

その時点で「意外と調子が出てきたな」と感じれば、予定のアクションに移りましょう。調子が出なければスパッとその日は終了にして、翌日から普段のスケジュールに戻します。

■気分が「今ひとつ」のときの対処法

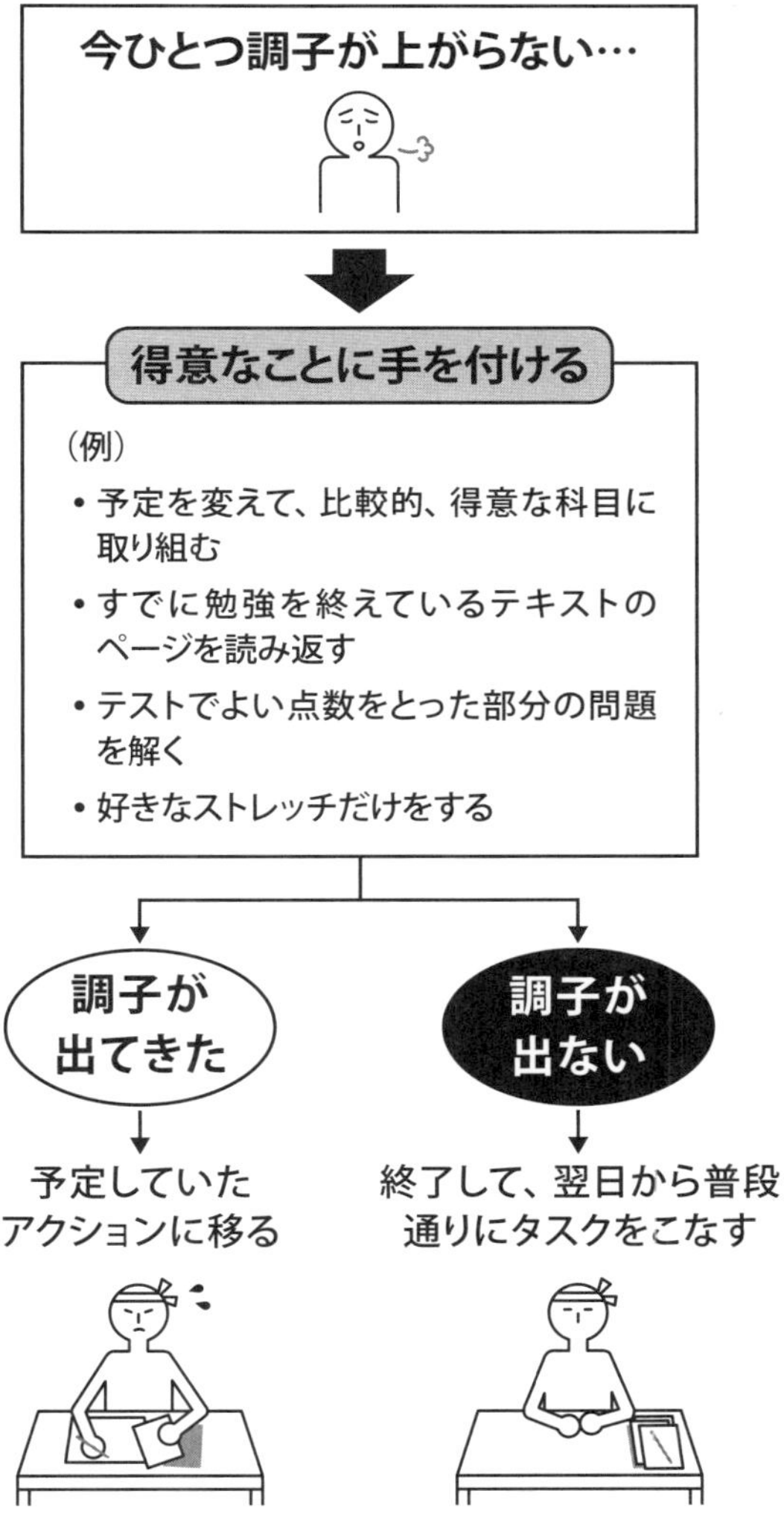
今ひとつ調子が上がらない…
得意なことに手を付ける
（例）
・予定を変えて、比較的、得意な科目に取り組む
・すでに勉強を終えているテキストのページを読み返す
・テストでよい点数をとった部分の問題を解く
・好きなストレッチだけをする
調子が出てきた
予定していたアクションに移る
調子が出ない
終了して、翌日から普段通りにタスクをこなす

STEP 8

あきらめないコツ

3

あえて「中途半端」な状態で終える

どんなに習慣化していることでも、「初動」にはパワーが必要です。

たとえば、「テキストの1章は無事に終わったけれど、2章に進む際に抵抗感を感じる」「この科目は終わったけれど、次の科目に進むのがおっくう」などです。

これは、当面の目標をそこに置いていて、達成したことで気持ちが切れた例でしょう。当面の目標を達成した課程をもう一度繰り返す際などに起こりがちです。オリンピックに出場した人が、進退について聞かれ、「まだ次の試合に向かう気持ちが出ない」と答えるのは、気持ちが切れた典型例と言えます。

オリンピックほどの話ではなく、**日々の初動にもパワーが必要なのは、習慣化していれば体験しているでしょう。**だからこそ、「動こう」と意識するより、「流れで動いてしまう」状

■盛り上がったところで終えると次の「やりたい」流れを作り出す

このドラマ
いつもいいところで
終わるなぁ。早く
続きが見たい…

況を作ることが大切なわけです（86ページ）。

この「流れ」を翌日にまで持ち越すために、「あえて中途半端なところで終える」方法があります。

やる気は作業しているうちに生まれるものですから、どうしてもキリのいいところで終えたくなるのですが、あえて「ちょこっと残す」わけです。**「あと少しで完成するのに」という物足りなさがあると、翌日まで「やりたい」という欲求が残っていますから、サッと手をつけられます。**

いったん手をつければ、作業によって発生したやる気で、次のステップに進みやすくなります。

STEP 8

あきらめないコツ ④

机周りを掃除する

あるトップ営業マンが、「やる気がでないときは、カバンの中を整理するといい」と話していたことがあります。底に貯まったホコリを払ったり、資料を整理したりしているうちに、営業に向かう気力が出てくるそうです。

似たことに、靴を磨く、部屋の整理をする、机やパソコンを掃除するといったことがあります。朝の熱いシャワーを浴びるのが、一日のスイッチを入れる儀式という人もいるでしょう。**自分自身、また自分の周辺を整えることで、チャレンジ意欲がわいてきます。**

他には、「自分なりの楽しみを加える」ことで、遊びの感覚を取り入れる方法があります。「ジョギングしている間だけ、好きなアーティストの音楽を聴く」なども典型的な「楽しみ加工型」の意欲呼び起こしテクニックです。

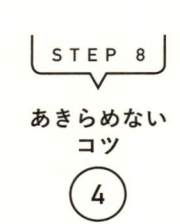

ある市民ランナーは、マラソン大会で辛くなったら「好みの女性を探しながら走る」とコツを話していました。ほのかな恋心も、楽しみの代表例でしょう。

「チャレンジをゲームにしてしまう」方法も有効です。最近は、子供向けの知育タブレットに、シミュレーションゲームが組み込まれているものがあります。問題を解いて一定レベルに達したら、タブレット内に動物が出てきて友達になったり、タブレット内の部屋に飾るインテリアや装飾品をもらえたりするものです。

万歩計には、歩数を表示するだけでなく、歩数によって擬似的に東海道五十三次の旅を楽しめるものもあります。

- シミュレーションゲームのように、自分のレベルを表現していく
- 勉強なら、科目別に敵、難敵、ラスボスなどを決めて攻略ストーリーを楽しむ
- スピードゲームのように、いつもの半分の時間でどこまでできるかチャレンジしてみる
- 合格までのストーリーを描いて、自分を主人公に見立てる

チャレンジをゲーム化してしまえば、楽しみながら続けられるでしょう。最近では、これらの手法を「ゲームフィケーション」と呼んでいます。

STEP 8

あきらめないコツ ⑤

「チートデー」を試す

ダイエットでは、「停滞期にチートデーを設ける」というテクニックがあります。チートデーはチーティングデーとも呼ばれ、1日だけ大量のカロリーを摂取して減量を促進する方法です。一見、ダイエットとは正反対の行動のようですが、どのような方法なのでしょうか。

まず、**チートの語源はcheat（だます）です。何を騙すかというと、自分自身の脳。**ダイエットは、摂取カロリーを抑えて、消費カロリーを増やすのが原則です。そのマイナス分を体脂肪から補うため、体脂肪が減っていきます。

ところが、この方法を続けていると、思うように体重が減らなくなる時期がやってきます。停滞期と呼ばれる期間で、一般的には体重の5％が減ったくらいのタイミングでやってくると言われています。この停滞期は1～2ヶ月続くのが一般的です。

停滞期が来るのは私たちの生命維持装置が働くからです。摂取カロリーが低い状態が続くと、「このままでは命が危ない。低いカロリーでも生きていけるように調節しよう」と脳が勝手に判断し、身体が省エネモードになってしまうわけです。

そこで、あえて1日だけドカ食いとも言えるくらい大量の食事をすると、脳が「カロリーがたくさん入ってきた。エネルギーを使っても大丈夫だ」とまたエネルギーを消費し始めます。このメカニズムで、「ドカ食いで翌日は少し体重が増えたけど、2〜3日後には2キロ痩せた」などという状況が生まれるのです。

チートデーは、ダイエット以外にも十分役立つ考え方です。私たちの脳は、私たちの希望といつも同じ働きをしてくれるわけではありません。努力を自信にするのは大変よいことですが、**「がんばっている」と感じる状態が続くと、いつの間にか「禁欲している」とネガティブな感情にすり替わってしまう**こともあります。これがストレスになり、続かなくなることがあるわけです。

たまにはチートデーを設けて、「チャレンジを忘れて思いっきり楽しんだ」と感じられる日を設けてみましょう。脳を騙すことで、予想以上の結果が出るはずです。

STEP 8

あきらめないコツ ⑥

こまめに「ご褒美」を用意する

モチベーションを高める方法として、「自分にご褒美をあげる」ことがよく言われています。これは、脳科学的にも証明されている、効果の高い方法です。

脳の中には快感神経があり、この神経が作動するとドーパミンが分泌されて幸せな気分を味わうことができます。さらに、この**快感神経は、やる気を起こさせる脳の部分に多くの神経繊維を送っていて、脳を覚醒させてくれます。**

つまり、自分にご褒美をあげることで、脳が活性化され、やる気を呼び起こすわけです。

ご褒美は、ちょっとしたことでかまいません。「問題集が終わったら冷えたビールを飲もう」「ジョギングの後に銭湯へ行こう」など、楽しいと感じることを、こまめに自分に与えてあげましょう。

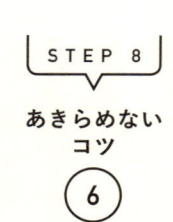

■ご褒美効果を使って、楽しく続けよう

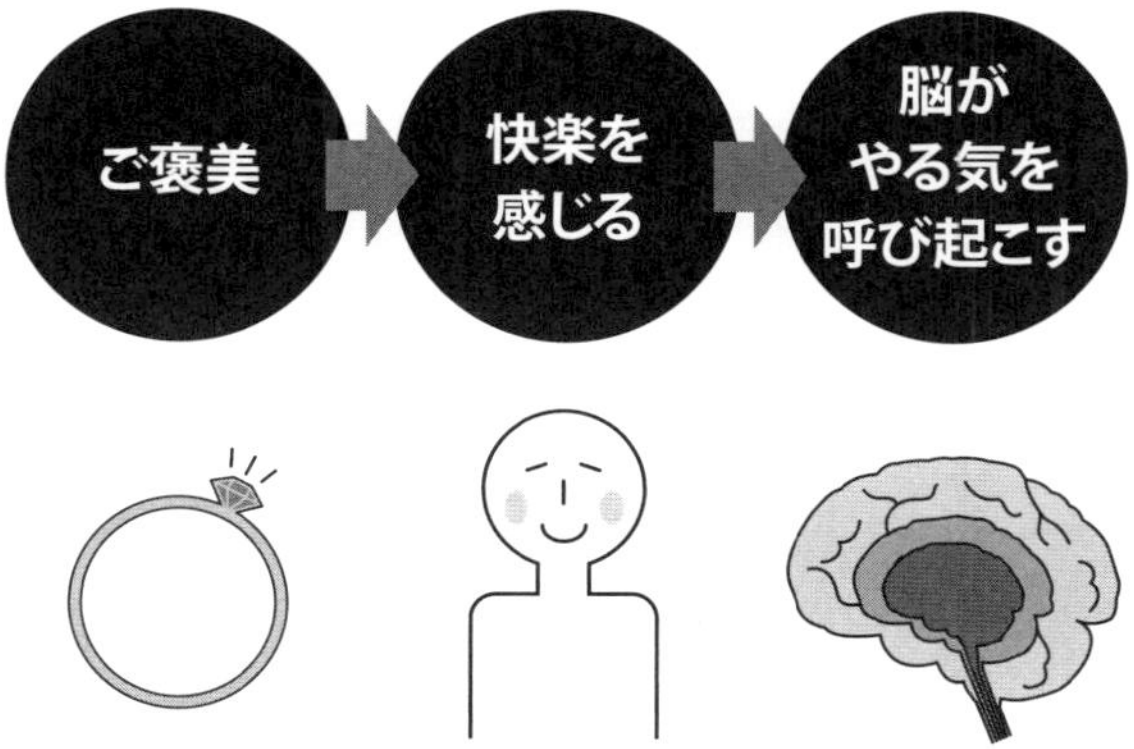

決して時間やお金がかかることである必要はありません。

応援してくれる人の褒め言葉だけでも、十分快感神経を作動させると言われています。記録をつけてプロセスを見える化するのもご褒美の一つです（74ページ）。

毎日のご褒美だけでなく、**中・長期の目標を達成できた時には、豪華なご褒美**も用意しましょう。

「テーマパークのホテルに泊まる」
「憧れのブランドバッグを買う」
「海外旅行に行く」

など、自分が続けられる原動力となるものを選ぶと効果的です。

STEP 8

あきらめないコツ

7

スランプはいい傾向だと知る

スランプも継続をしたい気持ちを阻む大きな要因です。「どうせ自分なんて」「こんなこと続けていてもムダだ」と感じてしまうこともあるでしょう。

しかし、スランプは真剣に取り組んでいる証拠でもあります。そもそも、ある程度のレベルまで達していなければ、スランプには陥らないはず。**真剣に取り組んでいれば、いいときもあれば、悪いときもあります。真剣でなければそのどちらも訪れず、**低空飛行を続けるだけです。

「自分が思い描く結果に達していないけれど、スランプを感じるまでレベルが上がってきた。またいいサイクルがくる」

と、スランプを肯定的にとらえましょう。

■スランプを防ぐ、またスランプを短くするためにリストを作成する

◎スランプに陥りそうなときの自分

- 夜、寝付きが悪くなる
- 肩こりや腰痛が悪化する
- 普段はあまり食べないスウィーツが食べたくなる
- 外食ばかりで食事が偏る
- 残業が1週間以上続く
- 友達のメールに返信するのがおっくうになる

そのうえで、「できるだけスランプに早く気づく」「できるだけスランプの期間を短くする」ことが大切です。

といっても、スランプに陥る原因やスランプの具体的な内容、また抜け出すヒントは人それぞれです。風邪の引き始めの症状が、喉が痛くなる人、鼻水が出る人、咳が出る人、寒気を感じる人など、人それぞれなのと似ています。そのため、あらかじめ

❶自分がスランプに陥りそうなときに出やすい行動、事柄
❷スランプの具体的な内容
❸スランプから抜け出すのに効果的なこと

をリストアップして、早めに対処します。

STEP 8

あきらめないコツ

8

ポジティブに考える

ポジティブ思考の大切さについてはあちこちで説かれます。その理由は、ポジティブ思考が目標達成に大きく貢献してくれるからです。

目標に到達するプロセスでは、失敗、マンネリ、スランプも経験しますが、ポジティブ思考だとくじけづらくなります。多少、調子が悪くても、その先にある目標達成を信じられれば、落ち込みすぎることがありません。**うまくいかないことを「これから克服する課題」と肯定的に捉え、チャレンジを続けられます。**

「それは性格だから」と考える人もいるかもしれませんが、ポジティブ思考は性格ではありません。思考の癖であり、ちょっとした心がけで手に入るものです。

効果がある方法には、「マイナスの言葉づかいをしない」「環境や他人のせいにしない」「鏡

■物事には良い面と悪い面の両方がある

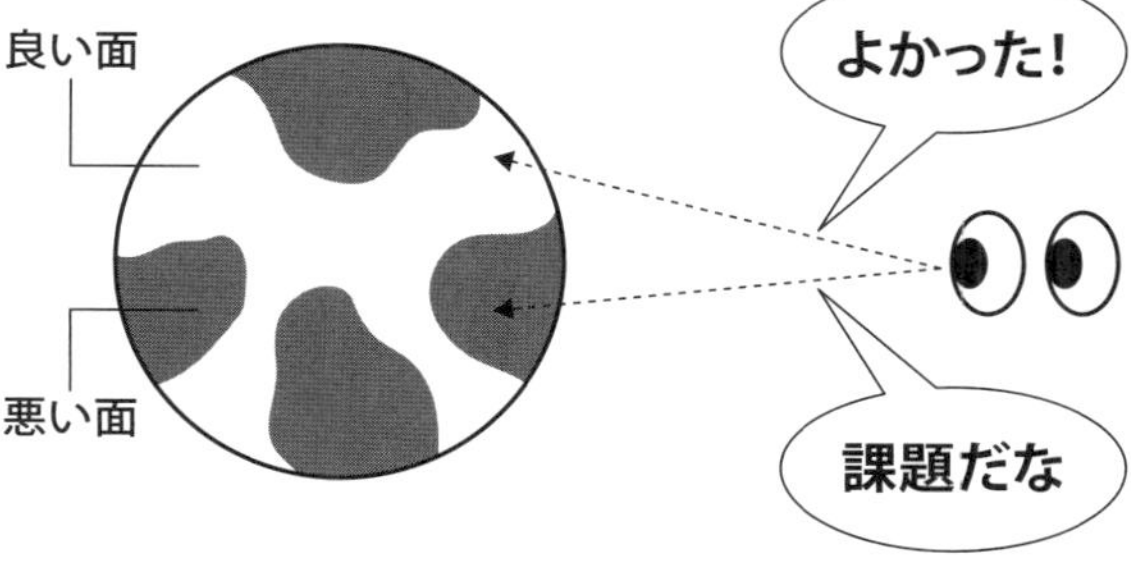

良い面に視線を向け、悪い面は課題をとらえよう！

の前で自分にプラスの言葉がけをする」などがあります。

どんなときも、プラスの要素に注目することとも大切です。誰しも、時には「うまくいく気がしない」というときがあります。そして、悪い予感どおり、実際にミスをしてしまうこともあるでしょう。

パッと見るとネガティブな出来事かもしれませんが、「自分はやっぱり、こうなるんだ」とマイナス面を見ません。「自分が想像していたよりずっとマシだった。ついてるぞ！」とプラスの要素を取り上げれば、自然とポジティブに受け止められます。ほんのちょっとの視点の差が、思考の差を生みます。

STEP 8

あきらめないコツ

9

ルールを甘くする

幼少期から40代になる現在まで、30年以上、日記を続けている人に、そのコツを聞いたときのことです。「書かない日はないのですか?」という質問に、

「ありますよ。長いときは1週間くらい書かないこともあります」

と堂々と答えられて驚いたことがあります。

「白紙のページが続くのも記録の一つです。後から見直すと、この時は書きたい気分ではなかったのだなと気づくことができます」

日記を1週間休むと、白紙のページを見て「サボってしまった」と罪悪感を感じる人も多いのではないでしょうか。そのせいで、さらに書く気力を失って日記から遠のいてしまう。

しかし、彼は**白紙のページを「それも記録」と受け止めているので、また1週間後には書**

■継続を主眼にしたルールにする

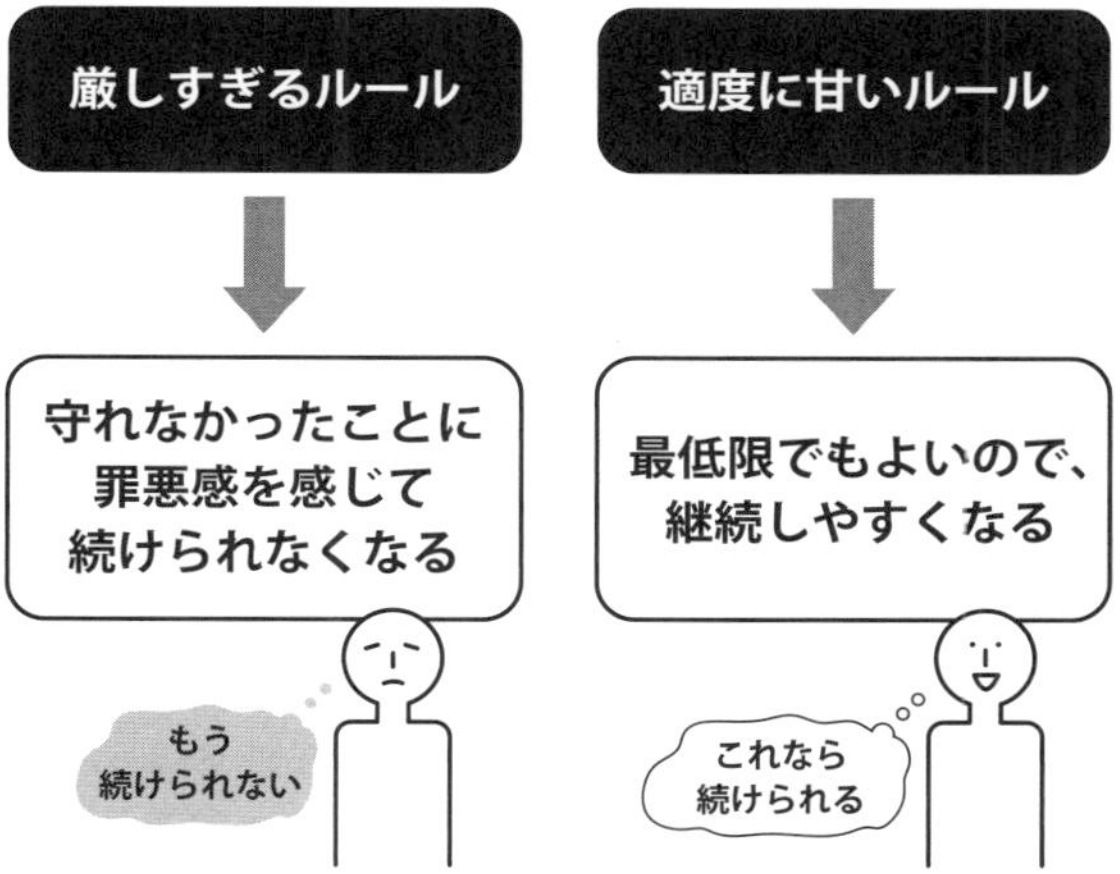
厳しすぎるルール
守れなかったことに
罪悪感を感じて
続けられなくなる
もう
続けられない
適度に甘いルール
最低限でもよいので、
継続しやすくなる
これなら
続けられる

き始めます。30年以上、日記が続けられる理由は、この考え方の差にあるのでしょう。

また彼は、気持ちや読んだ本のタイトル、見たテレビ番組の感想など、その日に応じてさまざまな内容にしています。書き方も同じで、箇条書きで書くことも、文章で書くことも、1行で終わることも多いとか。

手帳にその日の気分を○か×か記録しておいて、後で○×を書き写すこともあるそうです。記号を書くだけでも白紙にならずにすみます。

厳しいルールを課して続けられないより、継続を主眼にした甘いルールのほうがよい、という好例でしょう。

STEP 8

あきらめないコツ

10

「儀式」に頼る

誰しもミスや失敗をすることがありますが、大切なのはミスを引きずらず、気分を切り替えて次に挑むことです。ミスを引きずってしまえば、次のチャンスに萎縮してよいパフォーマンスを発揮することができません。

とはいえ、気分を切り替えるのは簡単ではありませんので、自動的に切り替わる方法をあらかじめ決めておきましょう。**モノや儀式に頼る〝お守り効果〟を利用するわけです。**

野球の投手が、投球の合間に帽子の中を見るシーンを目にしたことがあるのではないでしょうか。選手によって帽子の中に家族の写真が貼ってあったり、子供からのメッセージが書かれていたりするようで、それを見ることで気持ちを切り替えているわけです。

サッカー元日本代表で、代表選手としては最多出場記録も持つ遠藤保仁選手は、試合のハー

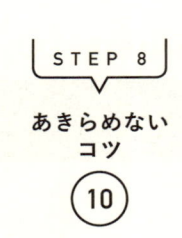

■グッズや儀式に頼る

これがあれば
気分が自動的に
切り替わる！
御守
念

あらかじめグッズや儀式を決めて、「切り替わる」と思い込む

フタイムの間にシャワーを浴びることで知られています。

コツは、あらかじめグッズや儀式を決めておくことです。そのうえで「これがあれば気分が切り替わる」と思い込みます。

コーヒーを飲む、ネックレスを触る、ある言葉を唱える、決まったポーズをとるなど、簡単にできることのほうがよいでしょう。「ビジュアルノートを見る」もおすすめです。

イチロー選手が、ヤンキースの田中将大投手の投球術について「うまくいかないことを前提にして、いろんなことを組み立てている」と語ったことがありました。調子が悪くても自分なりの修正方法があるという評価です。

STEP 8

あきらめないコツ

11

やってきたことを振り返る

結果が出るかどうか、不安でたまらないときには、「これまでやってきた」プロセスを振り返りましょう。特に大きな試験の前などには効果的です。

マラソンの髙橋尚子選手が、当時の世界記録を出すベルリンマラソンのスタート前、頭の中に次の言葉が浮かんだそうです。

「今までに　いったいどれだけ　走ったか　残すはたった　42キロ」

髙橋選手は、長いと1日80キロ、月に1200〜1300キロくらいを走るのが、通常ペースだったそうです。たしかに、そのトレーニング量に比べると、残す42キロくらいへっちゃらなことでしょう。

髙橋選手のトレーニング量にはとても及ばないかもしれませんが、ここまで続けられてき

■これまでの記録を振り返ると自信がわいてくる

◎記録をつけたグラフ

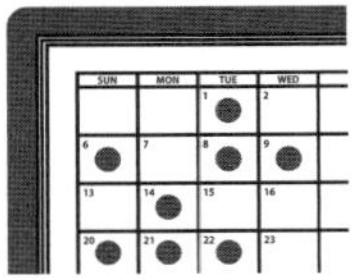

◎プロセスを記録した手帳

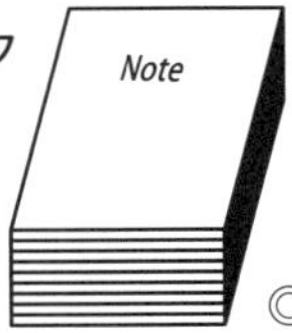

◎勉強してきたノート

「やってきたこと」を振り返ると、過去より成長できた自分に気づく

たことは自分の自信になるはずです。

新しいチャレンジを始める前の自分と、始めた後の自分を比べてみましょう。そこには必ず、成長した自分を感じられます。

つけた記録を見直してみましょう。勉強ノート、インプットするために書き殴った裏紙、問題集もあります。

もしかすると、「100%の準備が整った」と言える状況ではないかもしれません。それでも、何もやれなかった過去の自分ではないはずです。

試験も試合もプレゼンも、本番はわずか数時間で終わります。これまで準備してきた時間と比べると、「たった数時間」です。

始める力・続ける力になる名言

コントロールできないものに気を病むのではなく、できることを精一杯やろう。

プロ野球選手　松井秀喜

悩みがまったくない人はいないでしょうが、悩みの種類の大半が自分がコントロールできないことになっていると問題です。たとえば人の心、噂話、周りからの評価……。

コントロールできないこと、手立てのないことに思い悩むのは、ムダの極み。自分ができることに集中することが大切です。松井選手は、著書『不動心』の中で、次のように記しています。

「例えば、スタンドからのブーイングがあります。観客が試合を見てどう思うかはコントロールできません。

しかし、彼らの心を動かすことはできます。全力でプレーをし、結果を残していれば、ブーイングは拍手に変わります。また逆に、もしも手を抜いてプレーしたら、拍手がブーイングに変わります」

自分ができることに集中して、コントロールできないはずの人の心にアプローチするのが松井流です。

STEP 9

結果を出すコツ

“効率的に”自分が望む結果を手に入れる方法を知ろう

STEP 9

結果を出すコツ

1

「感情的」に取り組む

過去1週間で、最も印象に残っている出来事は何でしょうか。

一番おもしろかったテレビ番組、上司に褒められてうれしかったこと、恋人とケンカして腹が立ったこと、心を痛めた事件など、さまざまな答えがあるでしょう。しかし、そこには共通点があります。どんな出来事にしろ、「感情が最も揺り動いたこと」である、という点です。

記憶術の基本は反復練習に違いありませんが、**記憶は感情が動いたときに最も強化されます**。興味のないことは覚えられず、反対に自分が「おもしろい」「そうだったんだ！」「つらい」などと感情が伴ったことは覚えやすいわけです。

脳科学の面からも説明できます。脳は「シータ波が出ているときが、記憶に適した状態」

■記憶力を強化するステップ

1 インプットしたい事柄に興味を持つ

2 そのことを「自分がどう思うか」を考える

3 その感情を大げさに表現する

と言われていますが、このシータ波が出るのが、興味のある事柄に出会うときだからです。

老化による記憶力の衰えは、脳の記憶機能低下ではないという説もあります。むしろ、感情の起伏が乏しくなり、記憶力が低下するという説です。

逆に言えば、**子供のように「こんなことがあるんだ！」「そういうことか！」「これはおもしろい！」と好奇心を持ち続ければ、記憶力を最大限に発揮できる**ということです。

さらに、インプットしたい事柄には、必ず「自分はそれをどう感じるか」「どう思うか」と考えることで印象に残りやすくなります。大げさな感情表現で記憶力を強化しましょう。

STEP 9

結果を出すコツ

②

成功した人の体験談を読む

目上の人にかわいがられるタイプの人が、「相手の成功エピソードを聞くと、初対面でも気持ちよく話してくれる」と、親しくなるコツを教えてくれたことがあります。「自分のヒントにもなるし、気力もわいてくるからいいことだらけ」だそうです。

たしかに**結果を出している人の話には、心の持ちようや実行したことなど、参考になることが詰まっています。**

実際に会ったときに聞いてみるのももちろんですが、成功者が出した本を読む、試験に合格した人の体験談を読む、うまくいっている人のSNS日記を読むなど、方法はいろいろあります。特に自分が行き詰まっているときには気持ちを盛り立てる効果的な方法です。

■成功者からヒントを得よう

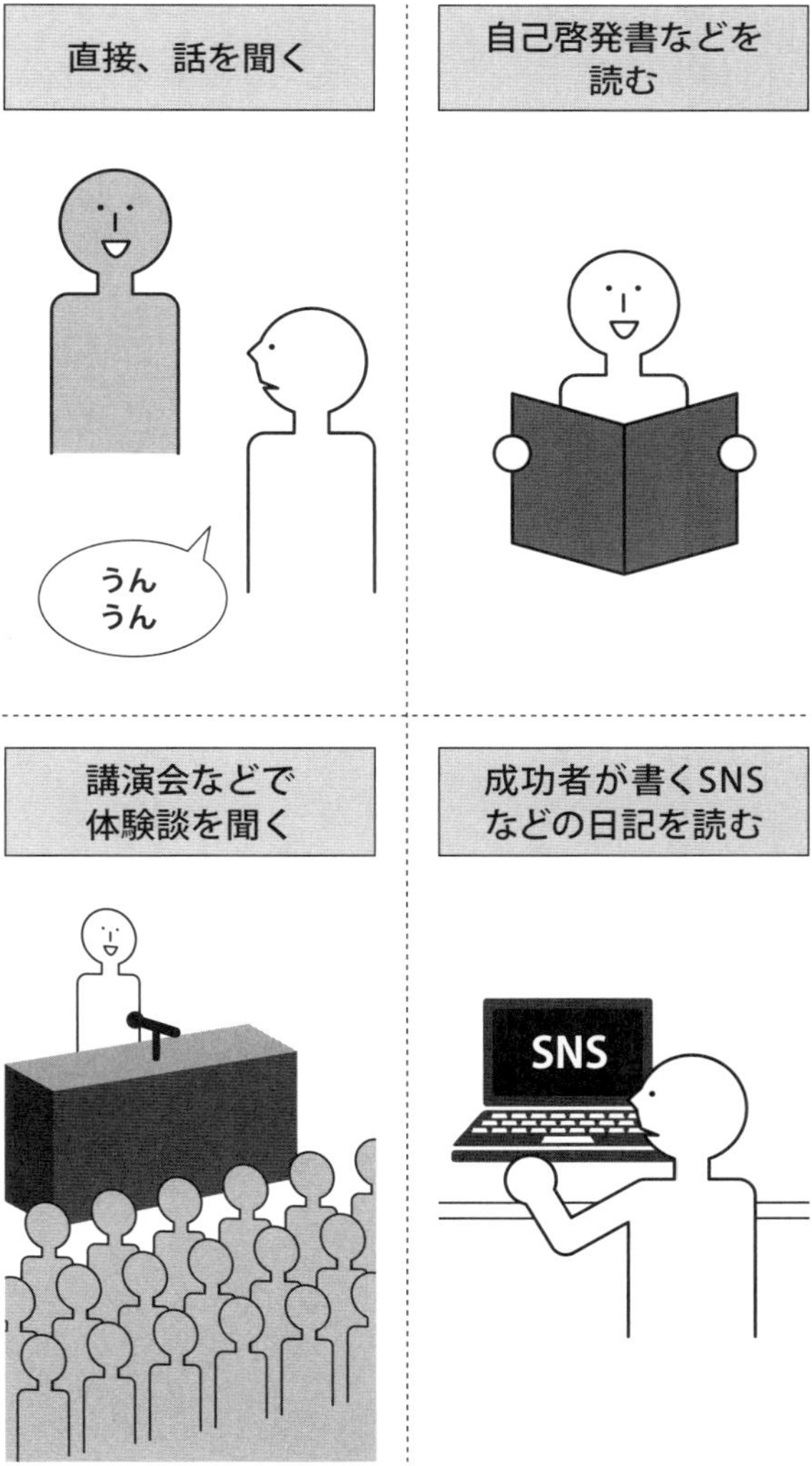
直接、話を聞く
うん
うん
自己啓発書などを
読む
講演会などで
体験談を聞く
成功者が書くSNS
などの日記を読む
SNS

STEP 9

結果を出すコツ ③

違う環境の人と付き合う

目標に向かって集中するのはすばらしいことですが、時として努力が視野を狭めてしまうこともあります。そんな時には、**違うジャンルの人とふれ合って視野を広げることが効果的です**。予想以上にヒントをもらえたり、頭を柔らかくしてもらえたりします。

たとえば、別の資格試験を受けている人、世界で活躍するアスリート、同業他社の知人、異業種で働く人、違う地域や国で働く人など、普段、自分が身を置く環境にはいないタイプの人です。その世界の一流の人の成功談からも、失敗した人の話からも、年下や子供の話からも、行き詰まっているときほど得られることがあります。

行き詰まっているときほど、正面からしか見えていないもの。視野が広がると、突破口は、案外斜め前にあったりすることに気がつくはずです。

■違う世界に暮らす人とふれあう

行き詰まっているときの視野

いろんな角度から光を当てたときの視野

STEP 9

結果を出すコツ

4

時には人と比べる

目標達成をするためには、「人と比べず過去の自分と比べるのが大切」とも、「人と比べて発憤材料にするのが大切」とも言われます。どちらも正しい考え方です。正確に表現すると、タイミングと自分の性格によって使い分けていくべき考え方と言えます。

まず、**平常時は「人と比べない」がおすすめです。**人の目ばかりを気にして萎縮したり、周りに嫉妬するのはマイナスの結果しかもたらさないからです。チャレンジを始めたばかりの頃や自信が揺らぎがちなときも、他人ではなく、自分の成長度合いに注目します。

一方で、**「人と比べることで発憤する」のも事実です。**有名な部下の指導方法の中に「みんなの前で褒める」があります。褒められた部下が喜ぶのはもちろん、それ以外の部下は「自分もあんな風に褒められるようがんばろう」と励みにできます。

■ライバルの存在のとらえ方

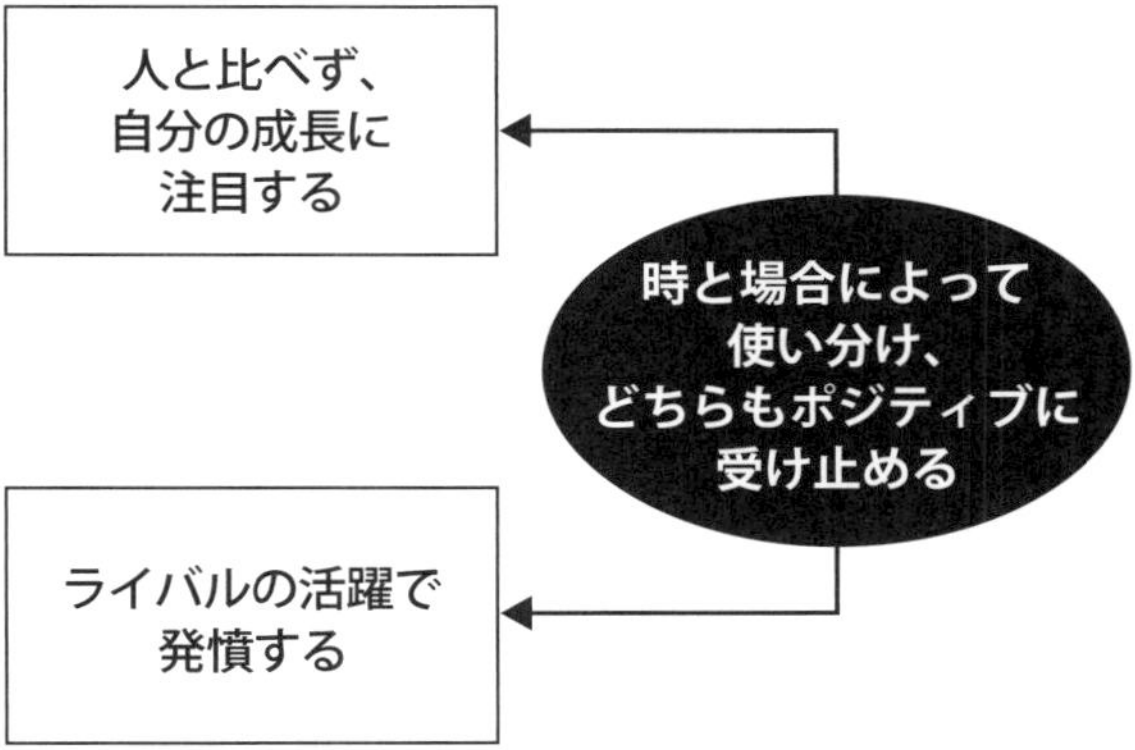

そのため、人から刺激を受けたいときなどには、調子のいい人と比べて自分を鼓舞することができます。逆境のほうが燃え上がる、というタイプなら、この方法を基軸にしてもよいでしょう。

サッカー日本代表の長友佑都選手は、自分の立場を危うくするライバルの台頭について「若手が出てくることで競争が激しくなるし、自分の立場も難しくなる。でも、それがうれしい。日本代表はこういうふうにあるべき」とポジティブに捉えています。

「人と比べない」「人と比べる」のどちらも、結果をポジティブに受け取って、自分の成長につなげることが大切です。

STEP 9

結果を出すコツ

5

自分でなんとかしない

「教えてもらう」ことに経験年数の制限も、年齢制限もありません。小さなプライドにこだわらず、素直に教えを求めましょう。聞く相手にも制限はありません。目上の人にも、経験豊富な人にも、年下の人にも、子供にだって、教わることがあります。

知識、経験、ノウハウ、考え方など、**何らかの知見を得るためには、「自分でなんとかしようと必死になる」より「喜んで教えてあげたいと思われる人になる」ほうがスピーディです。**

本田技研工業創業者の本田宗一郎氏は、「他人は全部、教師であり、教科書」と考え、「人間、聞くことや教わることは恥ではない」と語っています。

「社会に出れば、カンニングは自由。知らないことを人から教えてもらう。謙虚に聞く。そういう姿勢のほうが大切だと思う」のだとか。

■誰にでも、素直に聞く

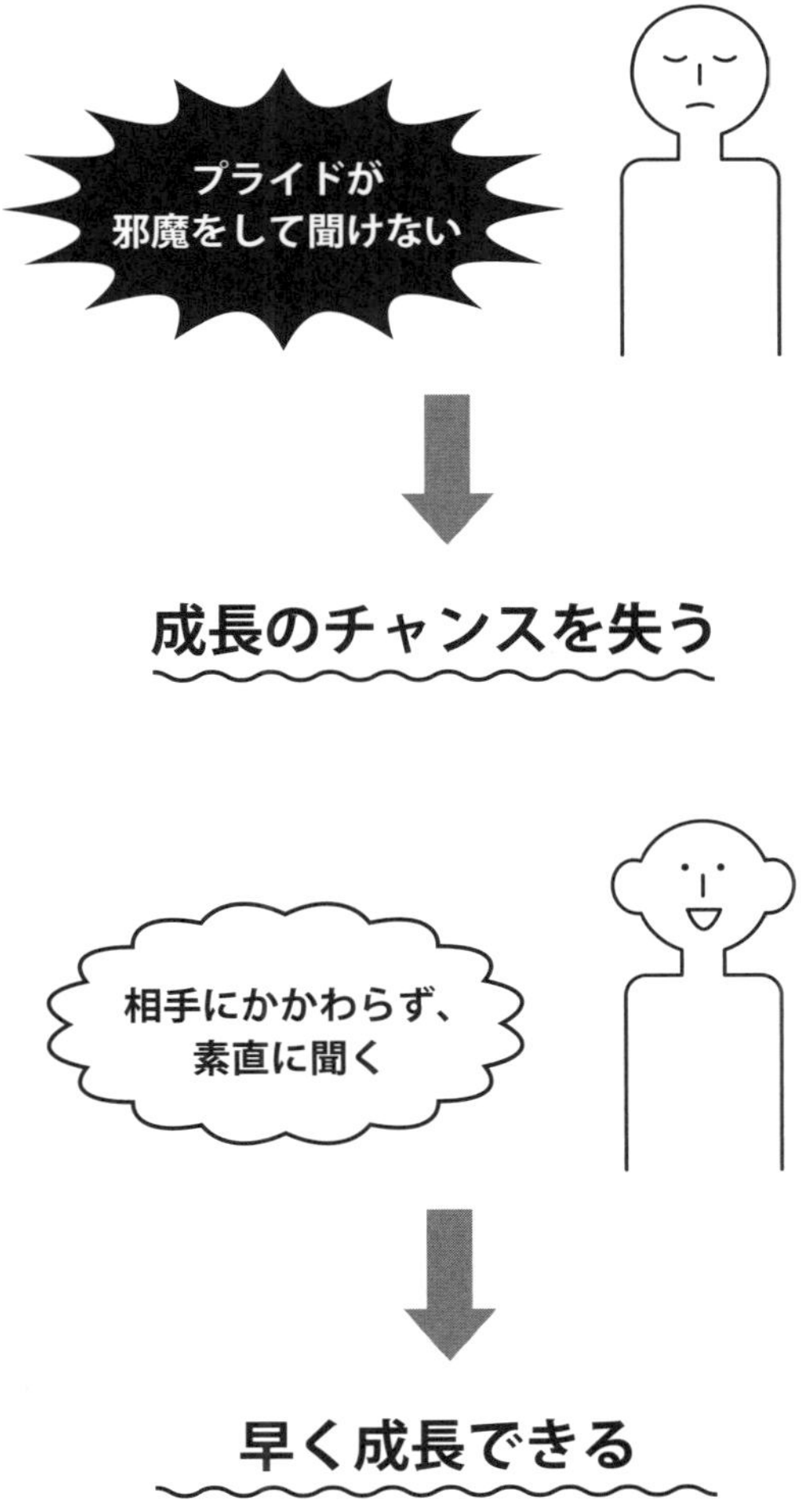

STEP 9

結果を出すコツ

6

ゴールデンタイムを活用する

筋力を上げることなどを目的に飲まれるプロテインは、飲むタイミングによって吸収率がよい時間があることをご存じでしょうか。

最も効率がいいと言われているのが、筋肉トレーニングをした後の30分〜45分以内です。筋トレは、意外なことに筋肉にダメージを与え、分解を促進させます。その後、ダメージを受けた部分を修復しようと、以前より筋肉を強化していく、というのが筋トレで筋力が上がるしくみです。

そのため、筋トレ直後にプロテインを摂取すると、スムーズな修復作業のために栄養を効率的に吸収すると言われています。これが「プロテインのゴールデンタイム」です。

ゴールデンタイムは、その他のさまざまな事柄にも存在します。たとえば脳のゴールデン

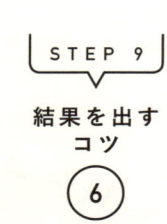

■ゴールデンタイムを利用する

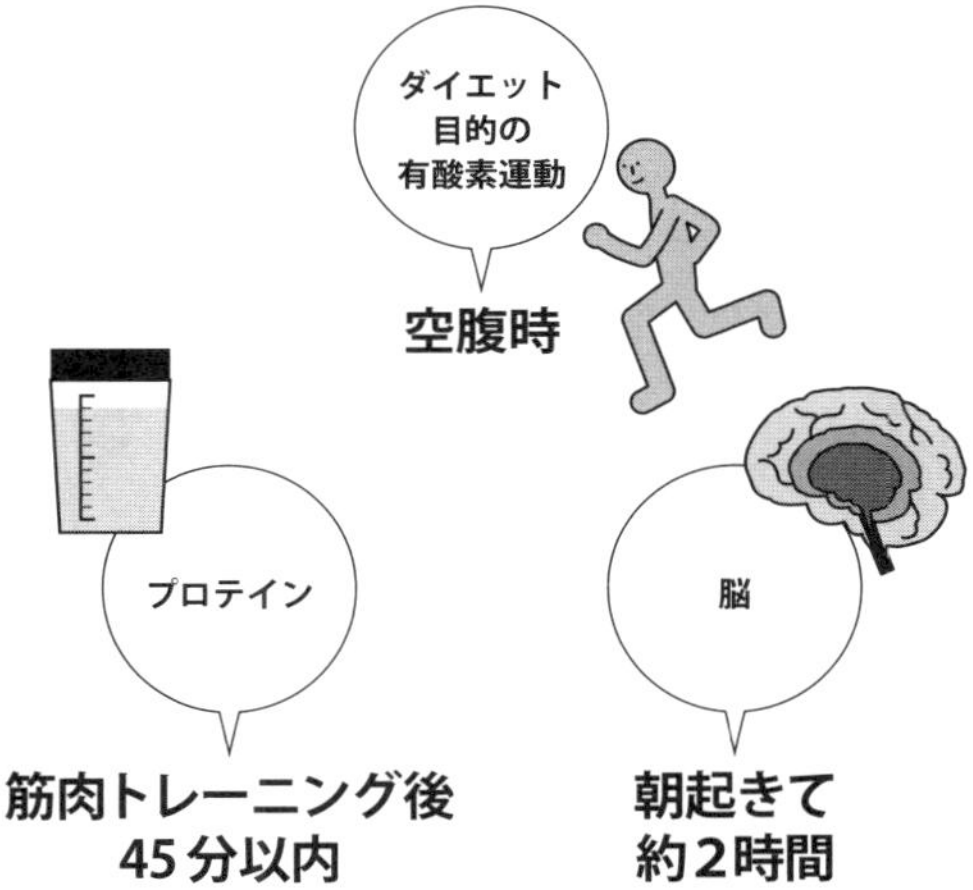
ダイエット
目的の
有酸素運動
空腹時
プロテイン
筋肉トレーニング後
45分以内
脳
朝起きて
約2時間

タイムは「朝、目覚めて約2時間」が定説です。睡眠を通して前日までの情報が整理されているため、新しい情報をインプットしたり、クリエイティブな活動をするのに向いていると言われます。

最近は脳のゴールデンタイムの存在がよく知られているからか、早朝にやりたいことを行う「朝活」も流行しています。

もちろん、あまりとらわれすぎると、自分のライフスタイルに合わずに続けづらくなります。この点に注意しながら、**「取り入れやすい部分を取り入れる」というスタンス**で、ゴールデンタイムの効率のよさを利用することをおすすめします。

STEP 9

結果を出すコツ ⑦

マジカルナンバー7を利用する

認知心理学では「マジカルナンバー7」と言われる現象があります。**人が短時間で理解でき、覚えられるのは「7」が限界という現象です。**

正確には「7プラスマイナス2」、つまり5〜9で、個人差による誤差を表しています。少ないと5、多くても9と解釈できます。

昔から、七不思議、七福神、七賢人など、7に関わる言葉が多いのは、この現象を人々が体験的に知っていたからかもしれません。

このマジカルナンバー7は、さまざまなことに利用できます。

もし、7つ以上の要素がある場合には、グループを作ってまとめます。そして、そのグループを7つ以下にすれば、全体像が把握しやすく、インプットしやすくなります。

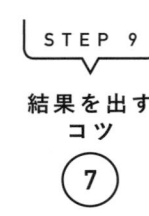

■マジカルナンバー７を利用する

記憶術の実践例

- **箇条書きでまとめる要点は７つまで**
- **暗記用のカード１枚に書くのは７つまで**
- **１度に覚えるのは７つまで**

◎７つ以上ある場合には

ヱビスビール	金麦
淡麗グリーンラベル	スーパードライ
ザ・プレミアム・モルツ	黒ラベル
ラガー	モルツ
一番搾り	麒麟淡麗
クリアアサヒ	

グループに分ける

サッポロビール
ヱビスビール
黒ラベル

サントリー
ザ・プレミアム・モルツ
金麦
モルツ

キリンビール
淡麗グリーンラベル
ラガー
一番搾り
麒麟淡麗

アサヒビール
クリアアサヒ
スーパードライ

STEP 9

結果を出すコツ 8

「先生ごっこ」をしてみる

京大出身の芸人、ロザンの宇治原史規さんは、そのユニークな勉強法がよく知られています。宇治原さんの勉強法の中で、「ひとり先生ごっこ」をして理解度を上げる方法をご存じでしょうか。

ひとり先生ごっことは、勉強した内容を自分で先生役と生徒役の二役を演じる、というものです。**先生役をしていて、「ええっと」「あー」など言葉に詰まったり、うまく説明できない部分があれば、理解が足りていない部分、覚えていない部分がわかる**そうです。

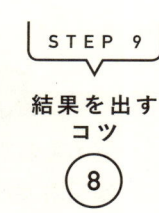

一見、突飛な方法に思えますが、「先生役をすることが一番、勉強になる」のは理にかなっています。

誰かに何かを教えるためには、わかりやすくアウトプットしなければいけません。そのた

■仲間同士で教え合う

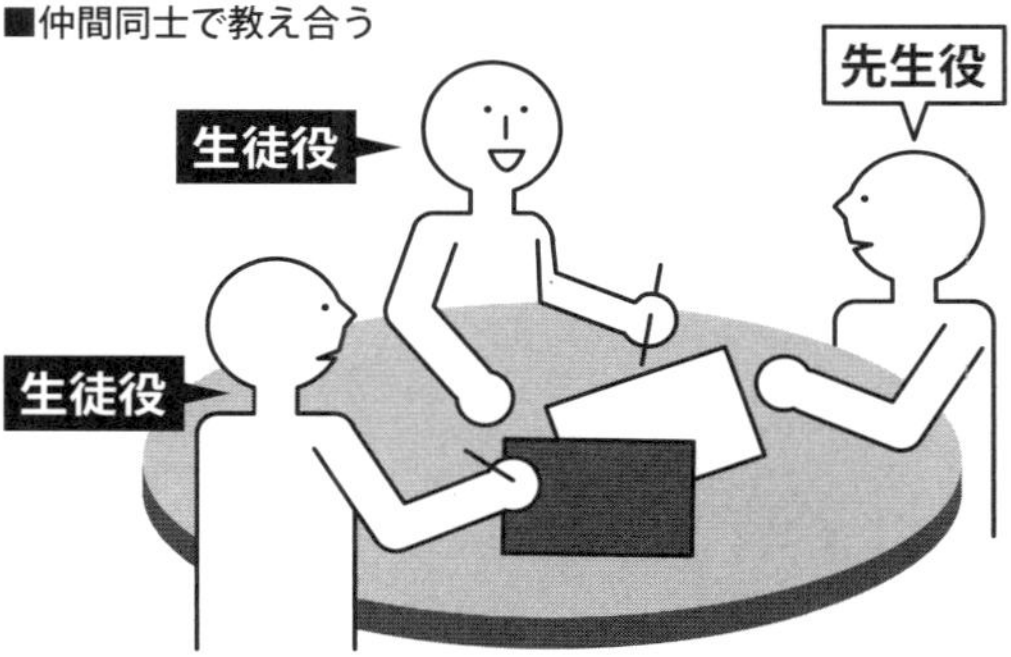

わかりやすく教えられる
＝
自分が十分理解している

めには、何より自分がしっかり理解している必要があります。あやふやな理解では、わかりやすい説明はできないのです。

おすすめしたいのは、勉強仲間などと教え合う機会を持つことです。まずは、「○ページは自分、○ページはAさん、○ページはBさん」など、それぞれ担当科目と、10分、30分ずつなど持ち時間を決めます。

当日までにそれぞれの持ち分を決めて、時間通りに説明をしてみる。「教える」というプレッシャーで必死に準備できますし、当日は仲間からの質問などで、理解ができている部分、不足している部分を確認できます。仲間との切磋琢磨にもってこいでしょう。

STEP 9

結果を出すコツ

9

「確変」と「覚醒」を見極める

人間にはバイオリズムがありますので、チャレンジを続けている最中には、スランプに陥ることもありますが、逆に調子がよいこともあります。

スランプから抜け出すのに苦労してしまうと、継続意欲がそがれるので問題ですが、調子がよいときにも問題がないわけではありません。**その調子のよさがバイオリズムによる一時的なものなのか、真の実力アップなのか、すぐに判断するのが難しいからです。**

プロ野球では、急に打率を上げた選手について、「確変」か「覚醒」かと話題になることがあります。

確変は確率変動の略で、もとはパチンコ用語です。一定の条件で当たりが来ると、その後の当たりの確率が高くなることを表します。ただし、当たりの確率は一定の時間のみ。しばらく経つと、当たりの確率が下がってしまいます。つまり、たまたま何らかの条件で調子がいい選手を指して「確変」と評しているわけです。

一方、覚醒は目を覚ますという意味です。努力をした結果、何かのきっかけで本来持っていた才能が目覚め、一流選手になることを言います。真の意味で実力アップした選手を評する際に「覚醒」と呼ぶわけです。

当然、誰もが望むのは覚醒でしょう。しかし、確変である最中も、調子はいいので周囲からは褒め称えられます。自分でも調子のよさは自覚できますし、結果にも表れます。浮き足立ってしまう可能性もあります。

第一、**確変か覚醒かは結果論。調子が続くかどうかは時間が経ってみないとわかりません。**そのため、よいの状態のときに「ただのラッキー期間」と正確に判断するのは難しいのです。

もし、たまたま調子がよいだけのときに「結果が出始めた」「力をつけてきたな」などと感じて慢心してしまえば、落差の激しいスランプに陥ってしまうでしょう。であれば、調子がよいときには、「確変かもしれない」と捉えて、当たりの確立が上がった条件を探りましょう。その条件を保ち続ければ、覚醒状態になります。

STEP 9

結果を出すコツ

⑩

「もうダメだ」からあと少しがんばる

登山をしていて、最も辛いのは山頂が見えてからだと言います。山頂が見えると「ゴールだ」と気分が上がるのですが、実際にはまだ距離があります。いったん〝終わりのような〟達成感を味わっているのに、歩いているうちに現実はまだあることに気がつくからです。これまでの疲れもあって、その距離がなかなか縮まらない。「もうダメだ」「限界だ」と感じてしまうこともあるとか。

ダンベル等を使ったトレーニングで筋肉を肥大させるには、1セット10〜15回で限界と感じる程度の重さのものが適切です。ここで大切なのは「限界」と感じること。10回に近づくにつれ「もうダメだ」と感じるのですが、そこから先の数回で筋肉がついていきます。

つまり、**「もうダメだ」と思ったちょっと先にゴールがあるのです。**

■ゴールに近づいたら具体的なカウントダウンを

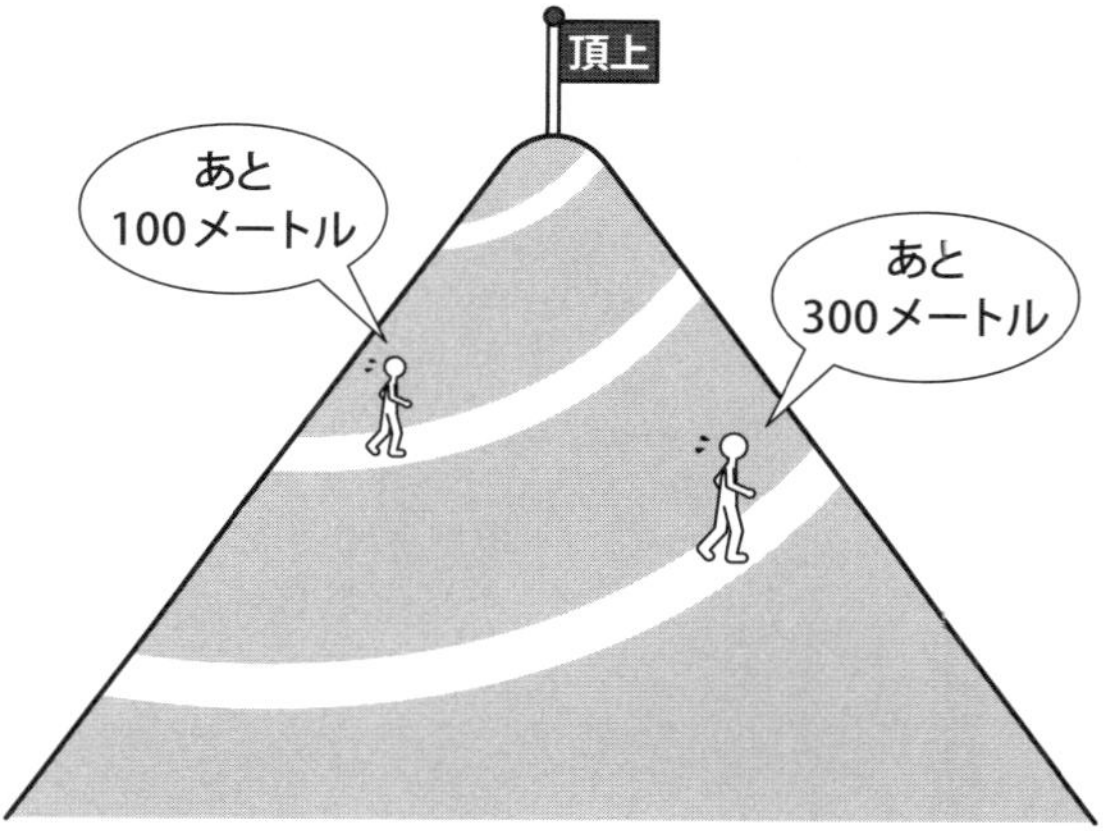

ゴール直前独特の、これまでには感じなかった辛さを乗り越える方法には、大きく2つあります。

❶ゴールまでのカウントダウンを行う

「ゴールが近い」と感じると気持ちが切れる可能性がありますから、「あと200メートル」「あと○回」「あと○日」などと具体的に把握しましょう。そのうえで、「あと5回、4回、3回……」とカウントダウンすると、もう一踏ん張りできます。

❷応援してもらう

辛いときほど、声援は最大の力になります。マラソン選手はトラックに入ってきたときの観客の盛り上がりで、後押しされています。

始める力・続ける力になる名言

頂上への王道がない以上、私は曲がりくねりながら登らねばならぬことに気づいたのです。

社会福祉活動家　ヘレン・ケラー

ヘレン・ケラーは、視覚と聴覚を失ったけれど、サリバン先生との出会いによって言葉を取り戻した人として有名です。特に井戸で水を触った時に「ウォーター」と突然、モノと言葉の結びつきに気づいたエピソードはよく知られています。

「ウォーター」の翌月には点字を読めるようになり、その翌月には手紙を書けるほどまで成長したヘレン・ケラー。それまであった視聴覚障害者の人達は知性がないという誤解は、彼女によって打ち消され、噂は全米に広がっていったのです。

成長したヘレンケラーは名門大学を卒業します。その頃には5カ国語をマスターしていたとか。障害を持つヘレン・ケラーの努力は計り知れないものがあったはずです。

「結局、真の知識を得ようと望むものは、誰でも艱難の山を一人で登らなければならず、頂上への王道がない以上、私は曲がりくねりながら登らねばならぬことに気づいたのです」

STEP 10

リフレッシュするコツ

心、身体のリフレッシュを取り入れて、
毎日を充実させよう

STEP 10

リフレッシュするコツ ①

「栄養」と「休息」に本気になる

アスリートが最高のパフォーマンスをするための3要素は、「トレーニング」「栄養」「休養」の3つと言われています。この3つを最高レベルで揃えることで、継続でき、また最高のパフォーマンスを得ることができます。

アスリートで言えば、昔から「トレーニング」の大切さは知られていました。「栄養」の大切さについては、日本では2000年代あたりから盛んに言われるようになっています。食事はもちろん、サプリメントやプロテインが普及し始めたのもこの頃です。

最近は効率のよい「休息」についても議論されています。**リフレッシュは効果はもちろんですが、高いパフォーマンスを出すための休息**について、タイミングや時間、手法などが紹介されています。

■最高のパフォーマンスに必要な３要素

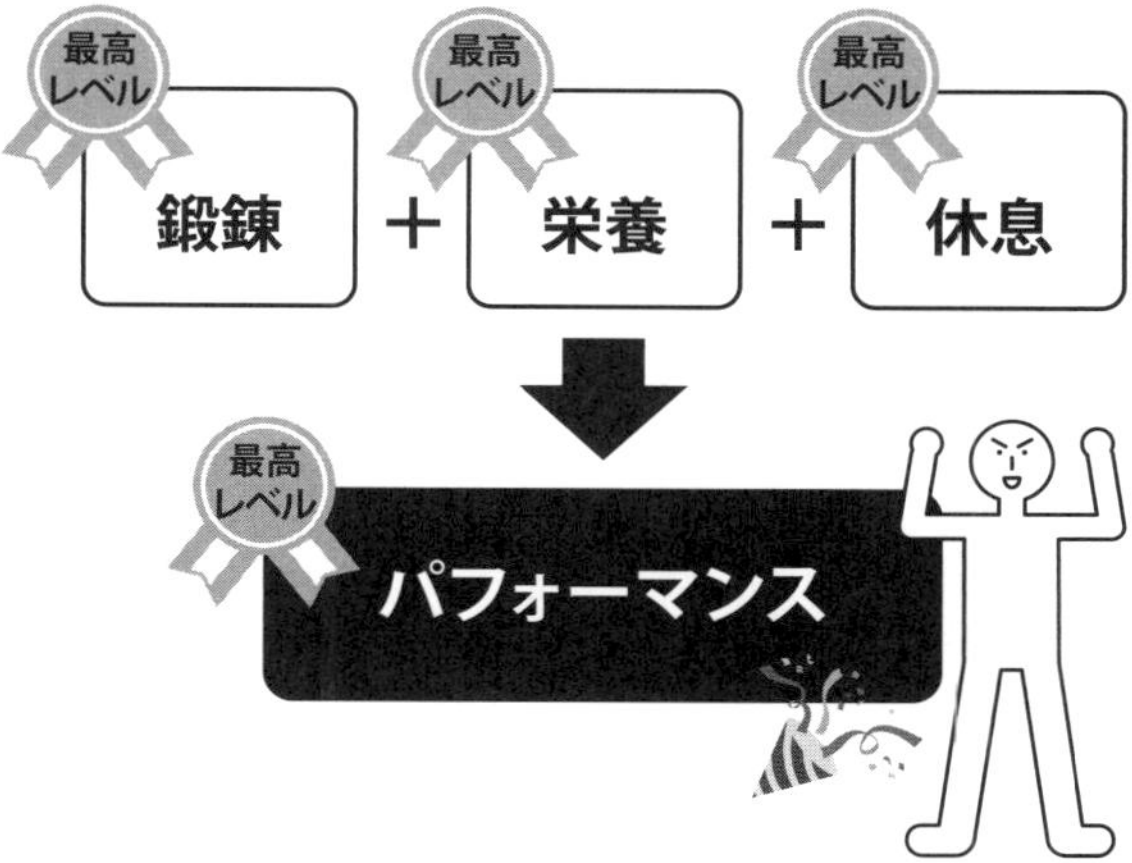

たとえば筋トレで必要な回復期はだいたい48〜72時間。効率よく筋肉をつけたいなら、1日トレーニングして2〜3日休みが基本です。週ペースだと2〜3日トレーニングして、それ以外は休みになります。

筋トレにおける回復期の話は、休みがパフォーマンスに与える影響の大きさを示す典型的な例ですが、勉強系やその他のチャレンジも同じです。

勉強に集中して、不健康な生活を送るのはNG。効率を落として、本来の力を発揮できなくなってしまいます。

健康的な食生活と適当な休養をはさむことで、最高のパフォーマンスを出しましょう。

STEP 10

リフレッシュするコツ

②

「休日」を「予備日」にしない

上手に休めると、気分がリフレッシュされてトレーニングによい影響を与えます。そればかりか、結果にもよい影響をもたらすため（176ページ）、あらかじめ計画的に休日をとることが必要です（48ページ）。

休息の計画でミスしやすいのが、「休日」と「予備日」を一緒くたに扱うこと。たとえば、「土曜日はその週の計画がうまくいかなかったときの予備日」とします。そのうえで、「計画がうまくいけば休日」と設定するパターンです。

これでは、休みをとることはできないでしょう。残業や体調不良などで予定が狂うことは頻繁に起きます。「休みにやればいいや」という甘えが生まれる可能性もあります。そのたびに休日を予備日にしていたら、いつまでたっても休めません。

■予備日の有意義な過ごし方例

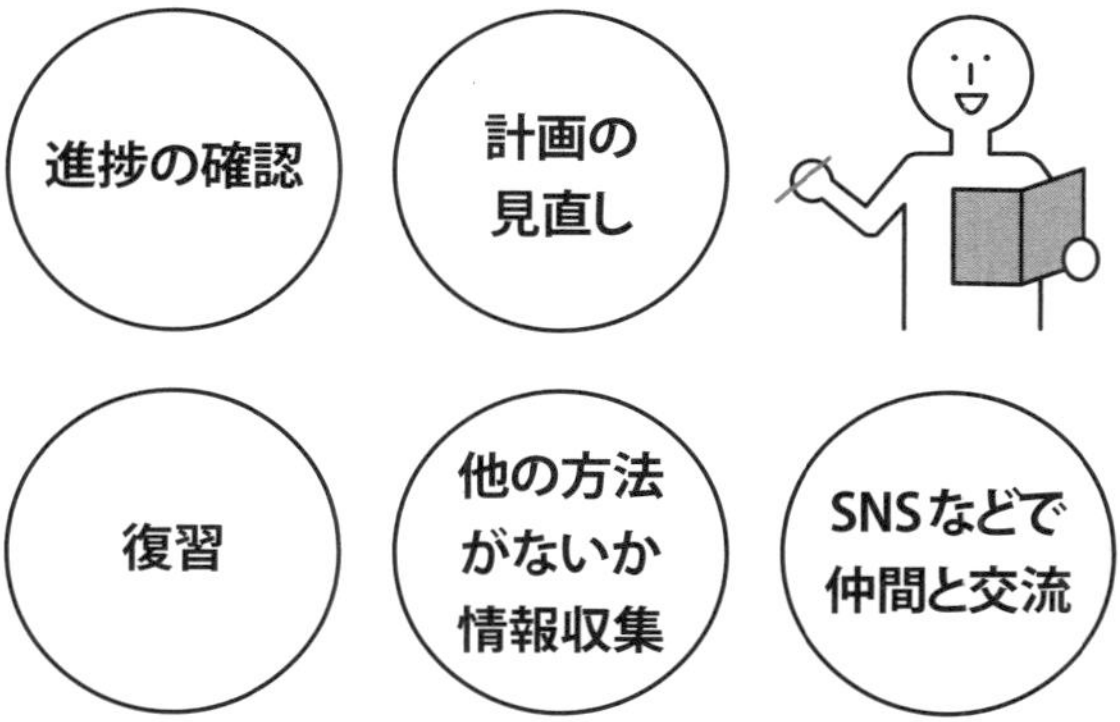
進捗の確認
計画の見直し
復習
他の方法がないか情報収集
SNSなどで仲間と交流

結局、休みが取れない日が続いてしまい、疲れやストレスに悩まされることになるのです。そのため、計画の時点で「休日」と「予備日」を分けて、メリハリをつけた生活を送る必要があります。

逆に、**計画通りにスケジュールをこなした場合にも、基本的には予備日を休日にはしません。**つけた記録を見直して、計画の進捗具合を確認。必要があれば、計画の修正を行うのも、予備日の有意義な過ごし方です。

どうしても、休日と予備日を分けて取れない場合には、午前中は休み、午後は予備の時間にあてるなどで対応しましょう。ゆっくり休んだ、と実感できることが大切です。

STEP 10

リフレッシュするコツ 3

気合いは「運動」で入れる

勉強系の取り組みをしている人で、「なんとなく集中できない」「思考力が落ちている」「物忘れが増えた」と感じることが多いようなら、脳が疲れている可能性があります。

こんなときに、**「気合いを入れ直して、がんばらなければ」と、ますます勉強に励むのは、逆効果かもしれません。**脳の疲れを取ることが先決です。

そのために有効なのが運動です。机に向かって頭を使う時間が多くなると運動不足になりがちですが、**運動の習慣は脳の働きを向上させる効果があります。**

運動をしてスッキリする経験は多くの人が持っていると思いますが、これは運動で脳の血流がよくなるからです。記憶力や判断力を向上させる効果もあります。勉強習慣の効率をアップさせるには、運動習慣を取り入れることが欠かせないわけです。

■勉強の合間には脳の血流をよくしよう

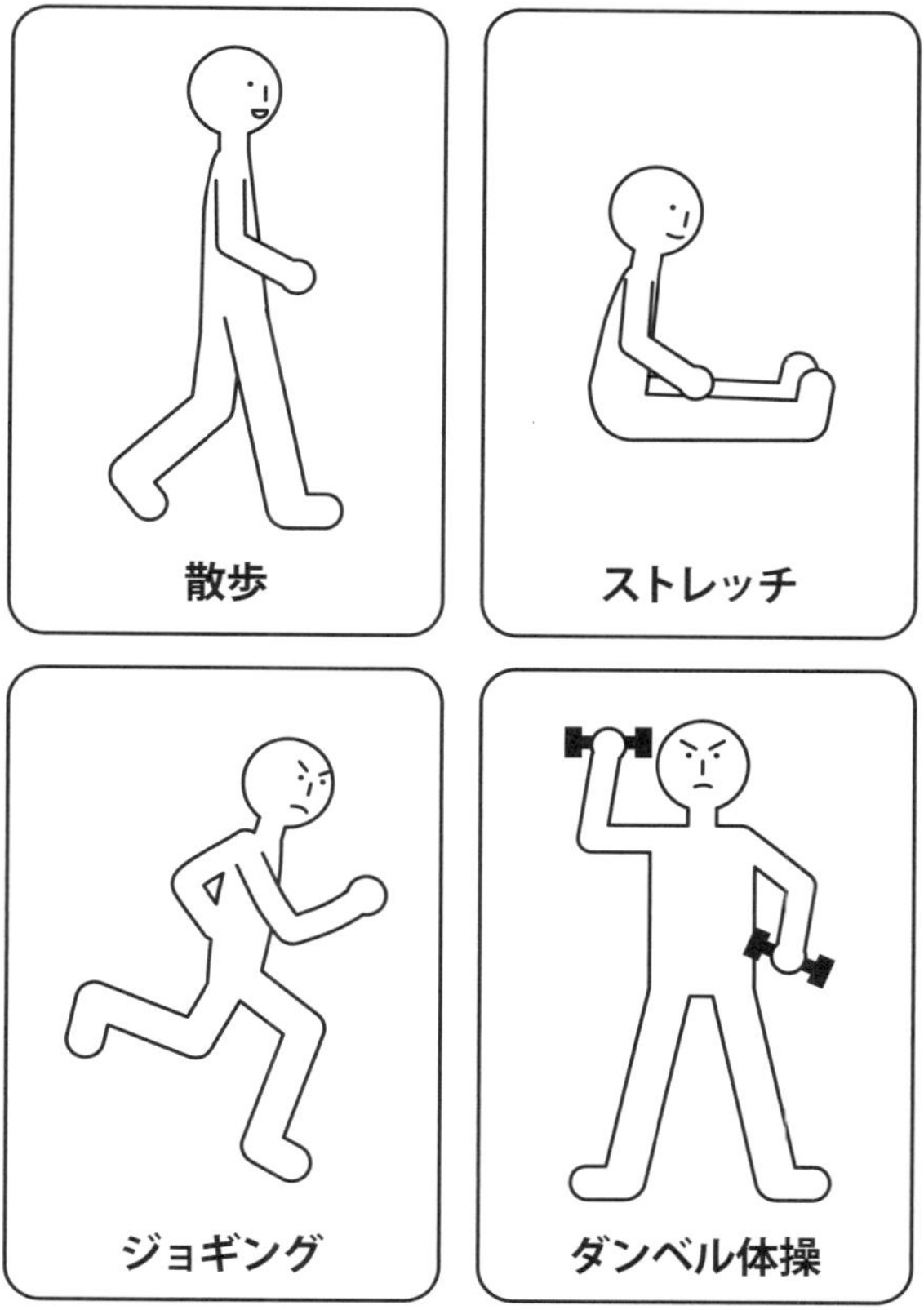

ストレス解消ができ、
集中力や記憶力がアップする！

STEP 10

リフレッシュするコツ ④

まず、やってみない

運動系のチャレンジは、すぐに取り組みを始める人が多い傾向にあります。行動をすることを優先すること、「まずやってみる」のは悪いことではありません。行動力を身につける際の一番のコツです。

しかし一方で、「なぜそれをするか」、意識的に知識を身につけることも大切です。理論を知っていると、「足を上げる」動き一つでも、なぜ足を上げるのか、どう上げるのがよいのかがわかります。よりよい足の上げ方ができるようになりますから、効果が上がるわけです。

そのトレーニングの大切さがわかる分、励みにもなるでしょう。必要性のわからないことにモチベーションは持ちづらいはずです。

■体系的な知識を獲得する

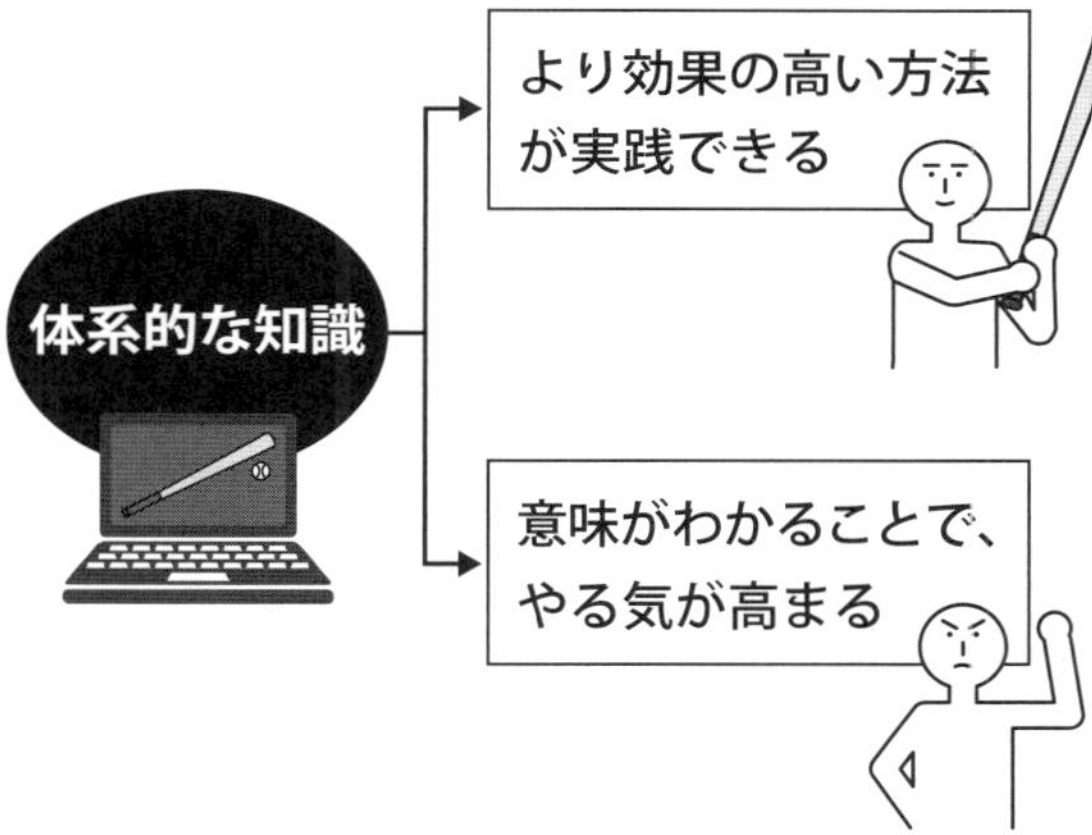

もちろん、まずやってみることでも、知識は少しずつついてきます。意識しなくても、断片的な知識がいずれ一つにまとまって体系的な知識になるタイミングが来るのですが、そのタイミングが遅くなるのは否めません。

そのため、**「まずやってみる」ことと、意識して体系的な知識を身につけることを両立させる必要がある**のです。

メジャーリーガーのダルビッシュ有選手は、「練習は嘘をつかないという言葉があるけど、頭を使って練習しないと普通に嘘つく」と、頭を使うことの大切さを説明しています。理論を身につけ、頭を使って効率の良い方法を探索する姿勢が不可欠なのです。

STEP 10

リフレッシュするコツ

5

食事・睡眠でやる気を生み出す

34ページで、生活ログを取ることを紹介しました。実際にチャレンジを始めて、続けている最中にも、チャレンジ記録とは別に、生活ログを取り続けることをおすすめします。

24時間、詳細なログを取るのが難しい場合には、「睡眠」「食事」「ストレス具合」の3つだけでも記録するようにしましょう。

睡眠は時間数、食事は食べた内容、ストレスは心の状態を一言でよいのでメモしておきます。これも面倒な人は、**3項目を○△×で判定するだけでもかまいません。**この程度なら、簡単に手帳の端に書き入れることができるはずです。

チャレンジを続けることに集中していると、いつの間にか無理をしてしまうことがあります。しかし、何をするにも身体の状態と心の状態を整えなければ、無理がたたってしまいます。継続はおろか、身体を壊してしまう可能性すらあります。

睡眠時間を削るのはタブー。早寝早起きが最もよいのは言うまでもありませんが、最低限、就寝時間と起床時間を一定にして、睡眠のリズムをつけることが大切です。

食事はバランスを心がけましょう。疲れたときにカフェインやチョコレートなどの甘いものを食べるのは、一時的に集中力を回復させる効果がありますが、頼りすぎはよくありません。ダイエット中も、必要な栄養素までカットすると健康を害してしまいます。

ストレスのコントロールも大切。仕事が忙しかったり、人間関係がこじれたり、計画がうまく進まなかったりと、現代生活にストレスは欠かせません。**ゼロにすることはできませんが、適度に発散して上手に付き合う必要があります。**

プロ棋士の羽生善治さんは、

「十年とか二十年、三十年を同じ姿勢で、同じ情熱を傾けられることが才能だと思っている」

と才能について語っています。

ゴールに向かう情熱を生むためには、体力、気力が必要です。睡眠、食事、ストレスの×を続けず、○が多い充実した毎日を送りましょう。

さぁ、
動き出そう。

参考文献

内藤勝浩『勉強を続ける技術』（きこ書房）

伊藤真『続ける力　仕事・勉強で成功する王道』（幻冬舎新書）

木場克己『続ける技術、続けさせる技術』（ベスト新書）

ロバート・マウラー『脳が教える！１つの習慣』（講談社）

石田淳『新版「続ける」技術』（フォレスト出版）

佐々木正悟『先送りせずにすぐやる人に変わる方法』（中経の文庫）

菅原洋平『すぐやる！「行動力」を高める“科学的な”方法』（文響社）

富山真由（著）石田淳（監修）『めんどくさがる自分を動かす技術』（永岡書店）

古川武士『30日で人生を変える「続ける」習慣』（日本実業出版社）

藤由達藏『結局、「すぐやる人」がすべてを手に入れる』（青春出版社）

奥村歩『「続ける・やめる」は脳でコントロールできる！』（青春出版社）

PLAYBOOKS 青春新書

人生を自由自在に活動《プレイ》する

人生の活動源として

いま要求される新しい気運は、最も現実的な生々しい時代に吐息する大衆の活力と活動源である。

文明はすべてを合理化し、自主的精神はますます衰退に瀕し、自由は奪われようとしている今日、プレイブックスに課せられた役割と必要は広く新鮮な願いとなろう。

いわゆる知識人にもとめる書物は数多く窺うまでもない。

本刊行は、在来の観念類型を打破し、謂わば現代生活の機能に即する潤滑油として、逞しい生命を吹込もうとするものである。

われわれの現状は、埃りと騒音に紛れ、雑踏に苛まれ、あくせく追われる仕事に、日々の不安は健全な精神生活を妨げる圧迫感となり、まさに現実はストレス症状を呈している。

プレイブックスは、それらすべてのうっ積を吹きとばし、自由闊達な活動力を培養し、勇気と自信を生みだす最も楽しいシリーズたらんことを、われわれは鋭意貫かんとするものである。

―創始者のことば―　小澤和一

編者紹介

知的生活追跡班

忙しい現代人としては、必要な情報だけすぐ欲しい、タメになることだけ知りたい、と思うもの。けれど実際、世の中そう簡単にはいかない——そんなニーズに応えるべく結成された知的集団。あらゆる最新情報の肝心なところだけを、即座にお届けするのを使命としている。

本書は、仕事や勉強で成果を出し、理想通りの自分に変わるために欠かせない2つの能力——「始める力」と「続ける力」を同時に身につけられる一冊。読めば、すぐにあなたも“行動できる人”になる!

すぐ始《はじ》めて
ちゃんと続《つづ》けるにはコツがある

青春新書 PLAYBOOKS

2017年1月5日 第1刷

編 者 知《ち》的《てき》生《せい》活《かつ》追《つい》跡《せき》班《はん》

発行者 小澤源太郎

責任編集 株式会社プライム涌光

電話 編集部 03(3203)2850

発行所 東京都新宿区若松町12番1号 〒162-0056 株式会社青春出版社

電話 営業部 03(3207)1916 振替番号 00190-7-98602

印刷・図書印刷 製本・フォーネット社

ISBN978-4-413-21075-1